El Libro de los papás

de los

Cómo ser el MEJOR en TODO

El Libro de los Papás

Cómo ser el MEJOR en TODO

Michael Heatley

Grupo Editorial Tomo, S.A. de C.V.,
Nicolás San Juan 1043,
03100, México, D.F.

1a. edición, octubre 2008.

The Dads' Book
For the Dad Who's Best at Everything
Primero publicado en Gran Bretaña en 2007
por Michael O'Mara Books Limited,
9 Lion Yard, Tremadoc Road,
Londres SW4 7NQ

© 2008, Grupo Editorial Tomo, S.A. de C.V.
Nicolás San Juan 1043, Col. Del Valle. 03100, México, D.F.
Tels. 5575-6615 • 5575-8701 y 5575-0186
Fax. 5575-6695
http://www.grupotomo.com.mx
ISBN-13: 978-607-415-009-4
Miembro de la Cámara Nacional
de la Industria Editorial No. 2961

Traducción: Silvia Nuñez e Ivonne Saíd
Diseño de portada: Trilce Romero
Diseño tipográfico: Armando Hernández
Supervisor de producción: Leonardo Figueroa

Contenido

Introducción

La persona que te dijo que necesitas estar medio loco para convertirte en padre tiene razón a medias, pues tienes que estar completamente loco. Cuando eres joven, pasas el tiempo con tus amigos, vas a fiestas en tus clubes o bares favoritos, ves o practicas deportes y te relajas el fin de semana como mejor te parece. Después de una alocada noche de sábado, te despiertas a mediodía; el domingo lees el periódico empezando con la sección de deportes y usas la sección de modas para limpiar la salsa de tomate que se escurrió de tu sándwich. No tienes que lavar tu camiseta favorita, después de todo, sólo te las has puesto unas ocho o nueve veces.

Durante la semana te levantas tarde, te rasuras a las carreras, y te comes un pan tostado en calzoncillos antes de salir corriendo a la oficina. Llegas de trabajar a la hora que quieres, después de haberte tomado un par de cervezas y haber comprado algo de comer en el camino. No tienes que lavar los platos inmediatamente, puedes acumular trastos sucios hasta el fin de semana. Pero cuando te casas o compartes la casa con tu pareja, algunas de estas cosas cambian. Las demás cambian cuando llegan los hijos.

Ya no puedes pasar todo el fin de semana tirado en la cama. Los bebés necesitan que los alimentes y los cuides, y a los niños más grandes hay que llevarlos a infinidad de fiestas de cumpleaños o de paseo con sus amigos. Leer el periódico del domingo es algo que, quizá, podrás hacer hasta el miércoles.

La rutina de las mañanas tiene que llevarse a cabo en el horario establecido si la familia quiere salir de casa a tiempo, así que no puedes ser tú el que retrase a todo el mundo dejando las cosas para el último momento. Y al final del día, tienes que llegar temprano a casa (¡y sobrio!), de lo contrario... te pierdes la diversión. Que un niño pequeño te arroje los brazos al cuello en el momento en que cruzas la puerta de tu casa te hace sentir la persona más importante y especial del mundo entero. Y eso eres para tu hijo.

No querrás perderte las guerras de agua ni los juguetes que flotan en la tina a la hora del baño. No te querrás perder la oportunidad de leerle un cuento antes de dormir, ni de tener esa conversación antes de apagar las luces. No querrás perder ni un instante para ver crecer a tus hijos, porque jamás se repiten los preciosos momentos que pasan juntos.

¿Tonterías sentimentales? ¡En lo absoluto! Los hijos te cambian la vida, pero debes buscar el tiempo para seguir haciendo algunas de las cosas que más te gustan. Darte tiempo para ti, pasar un rato con tus viejos amigos, te ayudará a ser un mejor papá.

Sin embargo, si estás sufriendo porque no sabes cómo mantener entretenidos a los niños, en las páginas de este libro encontrarás muchas pistas e ideas, así como consejos para sobrevivir a las pruebas más difíciles que debe enfrentar un padre, desde el nacimiento y el primer día de escuela, hasta las vacaciones familiares y enseñar a los hijos adolescentes a manejar. *El manual para padres* es una lectura práctica, entretenida y esencial para los padres de todo el mundo, pero no se lo digas a nadie. No permitas que caiga en manos de tus hijos, pues no querrás que se enteren de los sobornos y amenazas a los que puedes recurrir con ellos, y seguramente tampoco querrás que sepan que las fabulosas habilidades con las cuales los dejas maravillados, las aprendiste gracias a este libro. ¡Conserva tu aire de hombre misterioso y guarda este libro como si fuera un gran secreto!

Pero sobre todo, utilízalo para que sepas qué hacer para disfrutar al máximo el tiempo que pasas con tus hijos. Ser padre no siempre es fácil, pero puede ser inmensamente gratificante. Tal vez tengas que estar loco de atar por convertirte en padre, pero ¿quién quiere mantenerse cuerdo por siempre?

Así que vas a ser papá

La espera será la peor parte para ti, aunque tu pareja es quien hace el trabajo pesado, pero esperar la nueva llegada, esperar el momento que cambiará tu vida por completo, puede ser muy estresante... sobre todo si estás en la habitación del hospital de maternidad y todos están viendo una mala telenovela y no el futbol.

Lo primero y más importante, es que no te entre el pánico. Pensar que muy pronto dos se convertirán en tres, puede ser muy atemorizante, pero éste es el momento de convertirte en un verdadero apoyo para tu pareja y no desaparecer todas las noches para ir al bar a ahogar las penas e inquietudes que te producen los pañales.

Demuestra interés

Demuestra que estás emocionado por la llegada del bebé y que de verdad quieres compartir las articulaciones adoloridas, los sudores, las malas noches, el vientre que crece a diario y el resto de las partes del cuerpo femenino que por lo general se hinchan, duelen, se caen y se distorsionan. Aunque se te perdonan las nauseas matutinas. Empieza a aprender qué son todas las cosas para el bebé y cómo funcionan cuando haya nacido. Lee toda la información que tu pareja reciba de las parteras, los médicos y el hospital. Tienes que saberlo todo.

Ayuda a escoger el nombre. Si no quieres que los remordimientos te sigan hasta tu tumba, participa activamente cuando se trate de elegir el nombre de tu bebé. Si odias el nombre de Horacio, dilo. Pero también tienes que estar dispuesto a escuchar las sugerencias, y si no hay un nombre que les encante a los dos, entonces tendrán que decidir juntos.

Sé activo

Las mujeres embarazadas necesitan hacer ejercicio, así que aliéntala y háganlo juntos. Caminar y nadar son buenos ejercicios para la futura madre y también al padre le hace bien, quizá bajes unos cuantos kilos. No querrás llegar a la sala de maternidad y que alguien pregunte cuál de los dos va a dar a luz...

Vuélvete práctico

Ve a todas las citas prenatales y ultrasonidos que puedas. También es tu hijo y escuchar el latido de su corazón ayudará para que sientas que la experiencia es más real. Los ultrasonidos son un medio excelente para enseñarte lo que está sucediendo, y eso también es muy emocionante. De igual manera, el curso psicoprofiláctico es muy informativo. Para la mujer es aterrador saber que va a dilatarse hasta diez centímetros, sobre todo cuando le enseñan en clase cómo es, así que debes ser comprensivo con ella y consolarla.

Prepárate

Si la fecha del nacimiento ya se acerca, tu pareja debe tener lista la maleta que llevará al hospital. Asegúrate de saber dónde está guardada y, si es necesario, qué necesitas agregar en el último minuto. Atiende siempre el teléfono, y si no puedes, designa a alguien para que te mande un mensaje inmediatamente. En cuanto recibas la llamada, llega rápido a casa y haz todo lo que puedas para ayudar a tu pareja. Cuando ambos decidan que es hora de ir al hospital, mete la maleta al auto y, pase lo que pase, no entres en pánico y ¡no te vayas sin tu mujer!

Trabajo de parto

Haz lo que te diga tu pareja. No hables, escucha y apóyala. Tal vez quiera que le des un masaje en la espalda. Hazlo, hasta que grite que estás lastimándola. Haz lo que tu pareja diga y no te ofendas si te agrede verbalmente al calor del momento. No le contestes.

Después del parto

Apóyala. Carga a tu bebé por primera vez. Apóyala. Llama a la familia. Apóyala. Llama a los amigos. Apóyala. Carga un poco más al bebé. Apóyala. Ve a casa y desmáyate.

Si esto no funciona, consulta los siguientes sitios de internet:

www.todobebé.com
www.embarazohoy.com
www.delbebe.com
www.webdelbebe.com

Consejos para la sala de partos

En la actualidad, los futuros padres juegan un papel importante en la sala de partos. Y aunque no tienes que participar en el alumbramiento y nadie espera que des las órdenes, procura ayudar en lugar de estorbar.

No se trata de ti

Los padres no participan en el parto, ¡hace meses hiciste tu parte! Tú no das a luz al bebé, tu participación es secundaria. Acostúmbrate.

Apaga tu teléfono celular

Concentra toda tu atención en tu pareja. Apaga tu teléfono y no te entretengas con los juegos que trae, ya después hablarás con quien tengas que hacerlo.

No comas

Si de verdad te mueres de hambre, mejor discúlpate y come afuera. Necesitarás toda tu energía, por eso lo más recomendable es que comas bien y con antelación, pero no demasiado para que no vomites o te desmayes a la primera señal de sangre.

No te apropies de la televisión

Si la sala de partos está equipada con televisión y DVD o videocasetera, lleva películas que le agraden a tu pareja.

¡No grites!

Es importante que la animes a pujar, pero no exageres. Dar a luz es muy doloroso, a pesar de los medicamentos para el dolor, así que no la presiones. Recuerda que estás al lado de una mujer que está pariendo, no junto a un campo de futbol.

No te quejes

Si estás cansado o harto de la espera, no te quejes. Tu incomodidad no se compara con la de ella.

Lleva una cámara

La futura madre espera que el futuro padre tome fotografías o video cuando todo haya pasado.

Sé prudente con la cámara

De antemano, habla con tu pareja sobre lo que quiere que sea o no sea fotografiado, y también verifica que el hospital lo permita.

Apóyala

Ella decide cómo quiere tener al bebé, así que no la presiones para que tome o no tome medicamentos para el dolor. El rol del padre durante el trabajo de parto y el proceso de nacimiento es apoyar a su pareja, por eso asegúrate de que esté cómoda y que reciba lo que pida.

Revisa la frente del bebé

Si ves el número 666, no es buena señal.

Papá dice...

Los niños pequeños te alteran el sueño,
los niños grandes, la vida.

PROVERBIO YIDISH

La llegada del bebé a casa

Prepárate

Tuviste nueve meses para prepararte, ¡así que no tienes pretexto para no estarlo! Con un poco de suerte, el cuarto del bebé debe estar listo, así como todos los accesorios que necesita el niño o niña.

Mascotas familiares

Es probable que a tu mascota le cueste trabajo aceptar al nuevo miembro de la familia, porque tu perro o gato está acostumbrado a ser el centro de atención. El bebé necesita que le dediques mucho tiempo y energía, así que acostumbra poco a poco a tu mascota a que pase menos tiempo contigo. Si el animal está más encariñado con la futura madre, otro miembro de la familia debe tratar de desarrollar una relación más estrecha con él.

Compras

Asegúrate de tener suficientes provisiones, ya no tendrás tiempo para ir constantemente de compras.

Tu pareja necesita muchos alimentos nutritivos para aumentar su nivel de energía, sobre todo si está amamantando, así que compra muchas frutas y verduras frescas. Los congeladores son excelentes para guardar comidas ya preparadas. Si los amigos o familiares preguntan en qué pueden ayudar, pídeles que les cocinen algo y lo congelen.

Tareas domésticas

La casa tiene que estar limpia y ordenada, y la ropa lavada y planchada. No querrás hacer estas cosas cuando puedes dedicar ese tiempo al nuevo miembro de la familia.

Un día antes

Lleva a casa todo lo que puedas del hospital. Cosas como flores, regalos y tarjetas harán que tu casa se vea más acogedora, y llevarlas antes te ahorrará mucho espacio en el auto cuando traigas a mamá y al bebé.

Duerme bien la noche anterior

Deja para otro día la salida con tus amigos para celebrar el nacimiento del bebé, ya tendrás muchas oportunidades para hacerlo. Mejor disfruta la última noche que podrás dormir placidamente en un largo tiempo. Necesitarás cada minuto de tu día para cuidar al nuevo miembro de la familia y a su mamá, así que recarga bien las baterías.

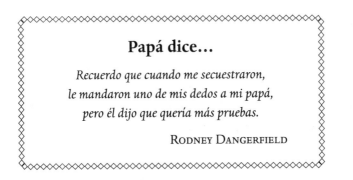

Papá dice…

*Recuerdo que cuando me secuestraron,
le mandaron uno de mis dedos a mi papá,
pero él dijo que quería más pruebas.*

Rodney Dangerfield

Salida del hospital

Por lo general, las futuras madres empacan la ropa que se pondrán el día que salgan del hospital, a menos que el parto se adelante. Consulta con tu pareja si hay otras cosas que necesite, como gorros para el bebé o una cobija extra. Busca en la parte del clóset en la que guarda la ropa holgada, ¡pues no te agradecerá que llegues con sus jeans ajustados!

Pregúntales a los expertos

Si tienes alguna duda sobre cómo atender al bebé o los cuidados que tu pareja necesita después del parto, pegúntales a las enfermeras. Ellas te darán todas las respuestas y te tranquilizarán. Ten a la mano los números de emergencia, por si llegaras a necesitarlos.

El viaje en auto

El artículo más importante para el regreso a casa es el asiento adecuado para el bebé. Revisa los requisitos de seguridad y practica cómo poner el asiento, si tienes dudas, pide que verifiquen la instalación. Aunque el viaje sea corto, es peligroso que alguno de los dos sostenga al bebé en brazos o que pongan la silla portátil en el asiento trasero.

Visitas

Las nuevas mamás necesitan descansar mucho, así que no dudes en usar la contestadora del teléfono para recibir las llamadas. Los papás ayudan al no permitir muchas visitas en los primeros días; quizá ahora no te parezca importante, pero con el tiempo la vida se volverá menos ajetreada.

La elección del nombre

Es el dolor de cabeza de todo nuevo papá, ¿qué nombre escoger para el nuevo integrante de la familia? Seguramente, tu pareja ya tiene ciertas sugerencias para el nombre, pero prepárate para participar en la discusión, de otra forma parecerá que estás eludiendo el tema. Pero ¿por dónde empezar? Aquí te damos una guía útil que te ayudará a tomar la decisión:

¿Suena bien?

Una de las mejores pruebas es decir el nombre en voz alta.

¿Cómo suena? ¿Melodioso? ¿Duro?

¿Cómo suena junto a tu apellido? Los nombres largos combinan mejor con apellidos cortos y viceversa.

Evita los nombres que terminen en vocal si tu apellido empieza con una, pues por lo general el nombre y el apellido se dicen juntos.

Evita los juegos de palabras, recuerda que tu hijo tendrá que vivir con tu elección el resto de su vida.

Originalidad

Un nombre poco común hace que tu hijo sobresalga entre la multitud, pero puede causar problemas de pronunciación o de ortografía. Lo más recomendable es que escojas un nombre común si tu apellido es inusual, y viceversa.

Toma en cuenta que los nombres "bonitos" que son adecuados para los niños pequeños, avergüenzan a un adolescente, y nadie quiere que se burlen de él en una entrevista de trabajo.

Familia

No permitas que la familia te obligue a escoger un nombre que no te gusta. Nunca sabes a quién puedes ofender si eliges un nombre y no otro. Evita las peleas familiares, ya que los nombres de las tías o abuelos, aunque los quieras mucho, pueden estar pasados de moda.

Herencia y tradición

Tal vez quieres que el nombre de tu hijo refleje la herencia o la religión familiar. Es común que los primogénitos reciban el mismo nombre que su padre, o tomen el segundo nombre de sus madres.

Significado

Todos los nombres tienen un significado, así que vale la pena considerarlo.

Iniciales

Considera las iniciales a las que tu hijo estará atado el resto de su vida, y asegúrate de que no formen algún apodo indeseable.

Elecciones excéntricas

No importa que seas un fanático empedernido del futbol, no le pongas el nombre de tu equipo favorito al bebé, ¡a menos que quieras aparecer en las revistas y diarios sensacionalistas!

Los nombres más populares

El nombre que elijas para tu bebé es una de las decisiones más importantes que tomas por tu hijo. Puedes apoyarte en las elecciones de amigos y familiares.

Niñas

1. **Jessica:** Shakespeare lo usó por primera vez en su obra *El mercader de Venecia*, y tiene su origen en el nombre bíblico Jesca, que proviene del hebreo *Yiskah* ("Dios contempla").

2. **Emilia:** es de origen griego y significa "amable".

3. **Sofía:** proviene de la palabra griega *sophos*, que quiere decir "sabiduría".

4. **Olivia:** viene del latín *oliva*, que significa "la que trae la paz".

5. **Regina:** es de origen latín, significa "reina".

6. **Elena:** proviene del griego *Helene* (que quiere decir "antorcha" o "luminosa"), o *Selene*, que significa "luna".

7. **Paula:** es de origen latín y significa "la pequeña".

8. **María:** proviene del hebreo y quiere decir "la elegida, la amada por Dios".

9. **Lucía:** es el femenino de Lucio, derivado del latín *lux*, que significa "luz".

10. **Andrea:** es de origen griego, significa "valiente y bella".

Niños

1 **Santiago:** tiene su origen en el hebreo *Yago*, que significa "el segundo de dos gemelos".

2 **Diego:** proviene del griego y significa "instruido".

3 **Tomás:** es la forma griega del nombre arameo *Teoma*, que literalmente significa "gemelo".

4 **Jaime:** viene del latín *Iacomus*, que a su vez proviene del griego *Iacobus* y del hebreo *Yaakov*, el cual puede venir de las palabras hebreas *aqev* o *aqab*, que significa "canalla" o "impostor".

5 **Oliver:** tiene su origen en la palabra latina *olivarius* (olivo).

6 **Daniel:** se deriva del nombre hebreo *Daniyyel*, que significa "Dios es mi juez".

7 **Samuel:** es otro nombre bíblico. *Shemu'el*, que quiere decir "Dios ha escuchado", viene del hebreo *shama*, que significa "escuchado", y *el*, que quiere decir "Dios".

8 **Alejandro:** proviene del griego y significa "el protector".

9 **Matías:** de origen hebreo y significa "hombre de Dios"; es una variante de Mateo.

10 **José:** viene del nombre hebreo *Yosef*, que significa "Dios proveerá", que a su vez proviene del griego *Iosephos* y del latín *Iosephus*.

Nombres extravagantes de hijos de famosos

Los padres famosos creen que siempre pueden hacer de las suyas, así que por favor, no intentes esto en casa, ¡por el bien de tus hijos!

Las hijas de Simon y Yasmin Le Bon, cantante del grupo inglés "Durán Durán"

Amber Rose Tamara

Saffron Sahara

Tallulah Pine

Los hijos de Chris Martín, cantante del grupo "Coldplay", y la actriz Gwyneth Paltrow

Apple Blythe Alison

Gwyneth dijo: "Sonaba muy lindo y evocaba imágenes preciosas; las manzanas (apple, en inglés) son dulces, sanas y bíblicas, y simplemente me pareció que se escuchaba muy hermoso… y ¡limpio!"

Moses Bruce Anthony

El primer nombre se debe a la canción "Moses", que Chris Martín escribió para Gwyneth poco antes de su boda secreta. Parte de la letra dice: "Moses (Moisés, en español) tiene el poder de controlar el mar, y tú tienes el poder de controlarme…"

El primer hijo de la actriz Rachel Griffiths (de la serie de televisión *Six Feet Under*) y Andrew Taylor

Banjo Patrick

Los hijos de Woody Allen y Mia Farrow

Dylan Farrow (cambió su nombre por el de Eliza, y ahora se conoce como Malone).

Moses Farrow (hoy conocido como Misha).

Satchel Farrow (ahora conocido como Ronan Seamus Farrow).

Las hijas de Paula Yates y Bob Geldof

Fifí Trixibelle

Peaches Honeyblossom Michelle Charlotte Angel Vanesa

"Odio los nombres ridículos, mi nombre poco común me ha perseguido toda la vida". Pixie Geldof.

La hija de Paula Yates y Michael Hutchence

Heavenly Hiraani Tiger Lily

Los cinco hijos de George Foreman, el ex campeón de boxeo

George

George

George

George

George

Y no olvidemos a sus dos hijas:

Freeda George y Georgetta

Las hijas de Anna Ryder Richardson, la diseñadora experta de televisión, y Colin MacDougall

Ibi Belle

Dixie Dot

El hijo del actor Nicolas Cage

Kal-el Coppola (el supuesto nombre de pila de Superman).

Las hijas de Demi Moore y Bruce Willis

Rumer Glenn

Scout LaRue

Tallulah Belle

Los hijos de Frank Zappa y Adelaide Gail Sloatman

Moon Unit

Dweezil

Ahmet Emuukha Rodan (llamado así por Ahmet Ertegun, uno de los dos hermanos que fundó y dirigió la compañía discográfica Atlantic Records).

Diva Thin Muffin

La hija de Mel B (Spice Girls) y el bailarín Jimmy Gulzar

Phoenix Chi

Las hijas del chef Jamie y Jules (Juliette) Oliver

Poppy Honey

Daisy Boo

La hija de Brad Pitt y Angelina Jolie

Shiloh Nouvel (significa "Mesías" o "la amante de la paz").

La hija de Tom Cruise y Katie Holmes

Suri (en todas significa "nariz respingada", pero sus padres prefieren el significado "princesa" y "rosa roja").

El hijo de Angie y David Bowie

Zowie Bowie (durante un tiempo, cuando era más pequeño, se conocía como Joe o Joey. Ahora prefiere que le llamen Duncan Jones, pues Jones es el verdadero apellido de su padre).

Problema doble – "hechos" interesantes sobre los gemelos

Sólo existe algo tan atemorizante como la noticia de que están esperando gemelos: los mitos y las ideas equivocadas que circulan sobre los gemelos. Analicemos los hechos y los mitos sobre los partos múltiples.

Es doblemente difícil educar a gemelos

No necesariamente. De cierta manera, es más fácil tener más de un hijo al mismo tiempo que varios de diferentes edades. Por naturaleza, los gemelos se hacen compañía mutua, juegan juntos y le quitan una gran carga de trabajo a mamá y a papá.

Uno es bueno y el otro malo

A veces, uno de los gemelos trata de llamar la atención de los padres siendo el "angelito" mientras el otro se porta mal, pero ningún niño es completamente bueno, ni completamente malo.

Siempre tienen que nacer por cesárea

Los nacimientos múltiples traen consigo ciertos riesgos, por eso la cesárea es la opción más segura, pero no todos los gemelos nacen de esta forma. Las posibilidades aumentan según el número de bebés, así que los cuatrillizos y los quintillizos casi siempre nacen en un quirófano. Pero algunos obstetras hacen menos cesáreas con gemelos que con partos individuales.

Los gemelos tienen que estar separados en la escuela

Aunque las escuelas digan lo contrario, no existen evidencias que indiquen que los gemelos se adapten mejor si se asignan a salones diferentes, o que trabajen mal si permanecen juntos. Algunos estudios han llegado a la conclusión de que la separación puede ser perjudicial para su experiencia educativa. Deben considerarse varios factores, incluyendo la dinámica en la relación de los niños y sus capacidades individuales de aprendizaje.

Las familias con hijos "múltiples" (gemelos o más) obtienen descuentos

Por desgracia, no siempre es el caso. De vez en cuando, las escuelas o las diferentes actividades ofrecen algún descuento –digamos diez o veinte por ciento– por el segundo hijo. Pero como los "múltiples" se han vuelto más comunes, esos descuentos son la excepción y no la regla.

Los gemelos siempre son mejores amigos

Aunque el vínculo entre gemelos es único y especial, les gusta hacer amistades y relaciones con otros niños, pues su condición de gemelos no los obliga a ser amigos inseparables.

Los gemelos siempre están compitiendo

La rivalidad entre hermanos existe en todas las familias, pero como los gemelos desarrollan su propia identidad individual no necesariamente se ven forzados a diferenciarse de su gemelo.

El gemelo mayor es el líder, el más pequeño le sigue

Nada extraordinario sucede en esos escasos minutos, o incluso segundos, entre los nacimientos, que afecte la personalidad. Si el niño que nace primero en un parto múltiple demuestra rasgos de liderazgo, es probable que él o ella hayan nacido con ese rasgo desarrollado.

Los gemelos tienen PES (Percepción Extra Sensorial)

Interesante, pero falso. Todos hemos escuchado casos de gemelos que terminan las frases del otro y sienten el mismo dolor que siente el otro, pero según los científicos es un fenómeno que experimenta cualquier pareja: cónyuges, hermanos cercanos, incluso mejores amigos.

Se parecen tanto, que nadie puede diferenciarlos

Aun los gemelos idénticos, con atributos físicos similares, tienen diferencias. Casi todos los padres pueden diferenciar a sus hijos y no olvidan quién es quién. Aunque eso no significa que no les tomen el pelo alguna que otra vez, ¡sobre todo cuando están muertos de sueño!

El signo zodiacal de tu bebé

La alegría más grande para cualquier padre es conocer a su hijo. Esta guía astrológica te ayudará a llevar la delantera.

 ### Capricornio (diciembre 22 – enero 19)

Dentro de cada niño Capricornio habita un alma vieja y sabia con sentido de la responsabilidad, pero no permitas que esto interfiera con las etapas naturales de la infancia. Fomenta equilibrio, tranquilidad, alegría y osadía. Aliéntalo para que tenga metas realistas, y enséñalo a que valore no sólo los resultados, sino también las lecciones aprendidas a lo largo del camino.

 ### Acuario (enero 20 – febrero 18)

Como espíritu libre, el joven Acuario prospera con el cambio y las sorpresas, no con la rutina. Los acuarianos son pensadores originales, así que dale a tu hijo espacio para que explore y te sorprenderán sus inventos. Sin embargo, una perspectiva mental única genera sentimientos de aislamiento y soledad, por eso tu hijo necesitará que lo ayudes a desarrollarse socialmente.

Piscis (febrero 19 – marzo 20)

Los Piscis son niños muy sensibles que requieren amor, cuidados y apapachos para sentirse seguros en este mundo. Los niños Piscis aprecian el orden, la estructura y la ayuda para fijarse metas. Con cuidado, dirige sus pasos para que alcance una mayor independencia, pero recuerda que tu hijo o hija puede tener temores que frenen su progreso, así que fomenta la comunicación.

 ### Aries (marzo 21 – abril 19)

Los niños Aries son firmes e independientes, siempre están en busca de nuevas experiencias. Él o ella serán extrovertidos, competitivos y se interesarán en el mundo. No te sorprendas si a tu pequeño le urge empezar a caminar, mejor ofrécele un ambiente seguro para que pueda enfocar su energía y aproveche su potencial. Enséñale que es muy importante terminar las cosas y anímalo para que sea sensible ante los demás.

Tauro (abril 20 – mayo 20)

A tu bebé Tauro le gustan los apapachos y las comodidades. La comida y las caricias son muy importantes para satisfacer su necesidad básica de tener la sensación constante de seguridad. Un ambiente tranquilo con rutinas establecidas ayuda a que tu hijo disfrute cada día. Para que desarrolle una personalidad positiva y aproveche su potencial innato, déjalo que explore a su propio ritmo.

Géminis (mayo 21 – junio 20)

Mentalmente alertas, responsables y muy divertidos, los niños Géminis tienen la capacidad de desarrollarse muy rápido mental y socialmente. Evita estimular en exceso sus actividades mentales, y lo mejor para relajar a tu geminiano es que le leas un cuento. Es típico que un niño Géminis se interese en muchas cosas al mismo tiempo, por eso se distrae fácilmente y eso puede ser perjudicial en la escuela. Crea una atmósfera que fomente la concentración y la curiosidad, y si él o ella hacen demasiadas preguntas, enséñales a buscar las respuestas.

Cáncer (junio 21 – julio 22)

El joven Cáncer es sensible, con mucha imaginación y consciente de los sentimientos de los demás. Abraza a tu hijo lo más que puedas y hazle saber que tu intención es crear un lugar seguro para él el tiempo que sea necesario; esto te ayudará mucho cuando llegue el momento de que ayudes a tu hijo a construir una identidad individual y una mayor autoestima.

Anima a tu hijo a que tome riesgos creativos. Aunque él o ella dependen principalmente de la intuición, la memoria juega un papel importante en su éxito escolar. Tu hijo aprecia la estructura y los ejemplos de figuras de autoridad positivas.

 ## Leo (julio 23 – agosto 22)

Las características distintivas de Leo son la confianza y el respeto a sí mismo; gracias a ellas, tu hijo entiende la importancia de la autoexpresión creativa y del liderazgo. Cultiva estos atributos proporcionándole una retroalimentación honesta, elogios y atención. No olvides que la competencia por llamar la atención entre los miembros de la familia puede crear problemas en futuras relaciones, así que sé comprensivo y no indiferente para que tu pequeño Leo no sufra al atraer tu atención.

 ## Virgo (agosto 23 – septiembre 22)

Los niños Virgo son sumamente observadores, inteligentes, atentos a los cambios sutiles, y quieren entender cómo funciona todo. Sólo el estándar más alto es el modelo a seguir. Son sensibles a las críticas y les gusta tener la razón siempre. Como padre, enséñale qué es la aceptación y el perdón. Los niños Virgo necesitan rutinas para sentirse seguros y son felices cuando ayudan a mamá y a papá en la casa.

Libra (septiembre 23 – octubre 22)

Este niño está ansioso por agradar a los demás y tiende a seguir los ejemplos. Demasiado sensible a los ambientes hoscos, tu pequeño Libra aprecia la belleza, el equilibrio y la serenidad. Él o ella serán amorosos y responsables, y en muchos casos asumirán el papel de conciliador. Por naturaleza, los Libra aprecian el teatro, la música, el arte, el romance y las historias con final feliz. Conforme crecen, su necesidad de belleza, balance y justicia se convierte en la motivación para que él y los demás tengan una vida mejor.

Escorpión (octubre 23 – noviembre 21)

Escorpión es curioso y no se le obliga fácilmente a hacer lo que los demás quieren. Es mejor que te ganes su cooperación en vez de enfrentarlo. Una característica predominante de este signo es su gran fuerza de voluntad. No olvidan rápido la traición. Un niño seguro comparte sus sentimientos más íntimos y confiará en que guardes sus secretos y respetes lo que le gusta y lo que no. Con una conexión tan profunda, este niño disfrutará una relación muy estrecha con sus padres.

Sagitario (noviembre 22 – diciembre 21)

Tu bebé Sagitario es curioso e inquieto, lleno de entusiasmo y de un optimismo innato. Mantenlo entretenido con la maravilla que producen las experiencias nuevas. Cuando aprenda a caminar, tu pequeño se escapará y recorrerá la colonia sin que te des cuenta. Enséñale a aceptar lo positivo y lo negativo, aunque él o ella no aceptarán fácilmente un "no" o "no puedes". Sagitario consigue las cosas sin mayor esfuerzo. Un deporte u otra actividad que requiera dedicación y autodisciplina es una buena base para un futuro exitoso.

Papá dice...

No existe un hijo que haya salido a enfrentarse
valiente al nuevo mundo y que no regrese al hogar
con un montón de ropa sucia.

Art Buchwald

Diez pésimas excusas

1. "Con todo lo que me pediste que hiciera hoy, se me olvidó".

2. "Sólo iba a tomarme una cerveza, pero mis amigos no me dejaron ir".

3. "Pensé que ya lo habías hecho".

4. "Fue el perro".

5. "Lo intenté, pero ya sabes que no soy bueno para eso".

6. "La lavadora se comió mis calcetines".

7. "El auto se descompuso y cuando llegué ya habían cerrado".

8. "Se le acabó la batería a mi teléfono".

9. "Había tráfico".

10. "Vino tu mamá, los niños estaban jugando, el horno de microondas no funcionaba, no encontré el abrelatas, el teléfono no paraba de sonar y el perro se hizo pipí en la alfombra, por eso no pude hacer lo que me pediste".

Papá dice...

Algunas personas reciben consejos (sobre la paternidad),
y otras escuchan historias de terror. A mí me agrada
la gente que te mira con cierto brillo en los ojos
y dice: "Todo va a estar bien".

Russell Crowe

Cómo evitar cambiar un pañal

Las porquerías que entran por la parte superior de un bebé son muy desagradables, pero no se comparan con lo que sale por la parte de abajo. ¿Cuántas veces has evitado cambiarle el pañal al bebé de un amigo porque sabes que es un trabajo horrible? Seamos honestos, no es nada agradable, pero cuando preguntas cómo es cambiar un pañal, todos te dicen: "Es diferente cuando se trata de tu hijo…" ¡Mentirosos! La única diferencia es que cuando se trata de la popó de tus hijos tienes que limpiarla tan seguido, que simplemente te acostumbras.

Si en verdad no puedes ni imaginar el hecho de embarrarte de popó, tienes que prepararte y agilizar tu mente para inventar razones justificables que convenzan a tu pareja de que ella debe hacerse cargo de esta tarea… una labor que probablemente ya realizó varias veces ese día. Échale un ojo –o más bien, la nariz– a tu hijo y, cuando te des cuenta de que ya se hizo, lleva a cabo tu plan. Aquí encontrarás algunas sugerencias para que te zafes del problema:

1. Ofrécete para llamar a tu suegra y ponerla al día con los últimos acontecimientos. La sorpresa será tan grande, que tu mujer no pensará que lo haces por otros motivos. ¡No recurras en exceso a esta excusa!

2. Si la casa necesita alguna reparación que has venido retrasando, es momento de empezar. Tu esposa aceptará encantada cambiar el pañal si eso significa que el cuarto de visitas será remodelado o la fachada de la casa pintada.

3. Entretén a los otros niños. Siéntate con ellos a hacer la tarea, jueguen juntos o llévalos al parque.

4. No nada más te ofrezcas a hacer labores domésticas, hazlas; empieza por lavar los platos o planchar.

5. Si en verdad estás atento, te darás cuenta antes que tu pareja de que el bebé ya se hizo, y podrás ir al supermercado a hacer las compras.

6. Finge una enfermedad grave.

Todo es cuestión de prestar atención e ir un paso adelante. Piensa continuamente en excusas nuevas porque te esperan de dos a tres años de cambios de pañales, así que necesitas muchas opciones.

Cómo cambiar un pañal

Si nada de lo anterior funcionó, lo más seguro es que tengas que arremangarte la camisa y cambiar el pañal. Deja que ese olorcillo que penetra por tus orificios nasales sea un recordatorio de que debes inventar excusas mejores y más convincentes para la próxima. Mientras tanto, éstos son los pasos a seguir para cambiar un pañal…

Primero, acuesta al bebé boca arriba en una superficie suave, de preferencia sobre un cambiador de plástico a prueba de agua. Nunca dejes solo al bebé, a menos de que esté en su cuna o cochecito, porque puede rodar y caerse de una superficie alta.

1. Lávate muy bien las manos.

2. Quítate cualquier tipo de joyería con la que puedas rasguñar al bebé.

3. Ten a la mano todo lo que necesitas para limpiar y cambiar al bebé.

4. Pon a la vista del bebé un par de juguetes para que se entretenga, aunque éste es el momento ideal para recordar todas esas canciones de cuna.

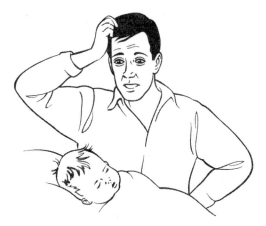

5. Quítale el pañal sucio. Para retirar el pañal sucio o mojado, sostén con cuidado al bebé de sus tobillos y levanta sus caderas. Tira el pañal sucio.

6. Limpia muy bien al bebé con una toallita húmeda y luego sécalo.

7. Úntale crema para prevenir rozaduras.

8. Desdobla el pañal limpio, vuelve a levantar las caderas del bebé y deslízalo por debajo.

9. Coloca la parte frontal del pañal por entre las piernas del bebé.

10. Ajusta muy bien las cintas adhesivas, pero no las aprietes demasiado.

11. Viste al bebé.

12. Lávate las manos otra vez.

Tal vez al principio te sientas muy "torpe", pero en poco tiempo te volverás un experto en cambiar pañales. Y eso es bueno porque, después de todo, habrá que hacerlo cuando menos cinco veces al día, sin contar los cambios nocturnos.

Las indicaciones anteriores, por supuesto, sólo aplican en pañales desechables. Si tu pareja se vuelve "ecológica" y decide usar pañales de tela, que se usan una y otra vez, pule tus habilidades para emprender la graciosa huida o finge que estás muerto.

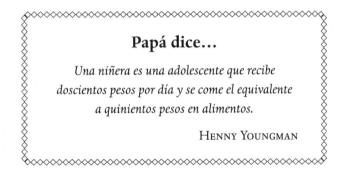

Papá dice...

*Una niñera es una adolescente que recibe
doscientos pesos por día y se come el equivalente
a quinientos pesos en alimentos.*

Henny Youngman

Qué hacer cuando mamá no está en casa

Si tu pareja tiene que ausentarse unos días (por cuestiones de trabajo o porque dará a luz a un nuevo miembro de la familia), llegó el momento de que empieces a postrarte ante tu suegra y a retractarte de todo lo que dijiste cuando creías que no te escuchaba. La otra opción es que actúes como hombre y enfrentes el desafío de cuidar a tus retoños con ayuda de nuestra guía de supervivencia.

Prepárate

Fíjate en lo que hace tu mujer mientras aún está en casa. Aprende lo básico y si eres inteligente, empieza a participar. A lo mejor consideras que lavar los platos o pasar la aspiradora son tareas pesadas, pero la hora del baño, la lectura de cuentos y las guerras de almohadazos (lo más recomendable es dejar esta actividad para cuando mamá ya no esté) son muy divertidas.

No pienses que es como ir de compras al supermercado, que si lo haces muy mal (porque olvidas el pan, la fórmula del bebé, etcétera) no tendrás que volver a hacerlo. Lo más probable es que debas hacerlo una y otra vez hasta que te salga bien. Además, son los niños pequeños quienes sufren si haces mal las cosas cuando mamá no está.

Adquiere precisión militar

Ningún hogar funciona bien sin esta precisión. Si te ayuda, haz listas y horarios. Tienes que recordar que las puertas de la escuela, por lo general, se abren a las 8:45 a. m. y se cierran a las 3:10 p. m. Los ensayos del coro, las lecciones de música, las clases de ballet y las prácticas de futbol se realizan en diferentes días. Si es el caso de tus hijos, eres afortunado; si no, asegúrate de que el auto funcione y tenga el tanque lleno, y que el despertador esté conectado y programado o que tengas los horarios correctos de los autobuses. También procura contar con las direcciones de los lugares a los que no acostumbras ir, como el pediatra o el dentista. No querrás andar corriendo como loco porque no sabes adónde dirigirte con un niño que necesita atención médica.

Las compras y los alimentos

En las semanas previas a la partida de tu pareja, empieza a ver programas de cocina y fíjate cómo prepara ella la comida. Pídele que te haga una lista de las compras semanales para que no olvides ningún artículo esencial. Lavar los platos sin jabón dificulta un poco la tarea y te verás obligado a hacer otro viaje al supermercado para comprarlo. Además, tendrás que volver a lavar todos los trastos. Definitivamente, ubica las tiendas más cercanas. Tus hijos necesitan una dieta balanceada, aunque también deberán dejar espacio para los dulces (pero no se los des en exceso, no querrás convertirte en un consentidor).

Si tus hijos no acostumbran a comer cierto tipo de alimentos, no los incluyas de repente en su dieta sólo porque mamá no está. Eso los confunde, y entre más pequeños son los niños, más consuelo necesitan mientras mamá está fuera de casa; además, es posible que les caigan mal al estómago (las costillitas picantes no son muy recomendables para los niños pequeños) y eso no es bueno, sobre todo si no tienes experiencia tratando con niños enfermos.

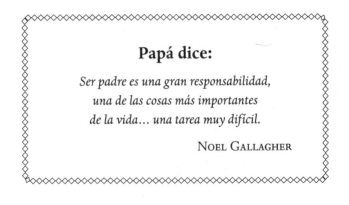

Papá dice:

Ser padre es una gran responsabilidad,
una de las cosas más importantes
de la vida… una tarea muy difícil.

Noel Gallagher

Continúa con la rutina normal de los niños

A los niños les gusta la rutina, los hace sentir seguros y protegidos. No dejes que se queden despiertos hasta tarde viendo contigo programas de televisión que no son aptos para ellos. Esto provocará que tengan pesadillas, que amanezcan cansados, que desobedezcan o que hagan berrinches, y tú tendrás que enfrentarte a todo eso. Tienes mucha suerte si tus hijos ya son mayores, porque es muy probable que sepan dónde están las cosas, cómo funciona el microondas y dónde guarda mamá los utensilios de limpieza para limpiar cuando el gato se vomita. Aprovecha este conocimiento y pídeles ayuda, pero no abuses, ni esperes que los niños mayores hagan todo lo que haría mamá.

Si obtienes la ayuda, no olvides recompensarlos, lo cuál puedes hacer dándoles permiso para que sus amigos vayan a la casa. Pero no te ausentes ni dejes las cervezas a la vista y a la mano, sino ¿qué vas a beber tú?

Cuando te las arreglas de maravilla durante la ausencia de tu adorada mujer, no sólo te sientes feliz y orgulloso de ti mismo, tu pareja empieza a reconocer al "nuevo" hombre que llevas dentro. Pero quedas avisado, a la larga esto podría ocasionarte mayores responsabilidades domésticas y definitivamente necesitarás tomar vacaciones para reponerte.

Si tienes suerte, tu pareja (a menos que alguna enfermedad se lo impida) te dejará todo organizado. Pero prepárate para lo inesperado y no dejes de sonreír... aunque tengas que pasar algunos malos ratos y acostarte temprano.

Papá dice:

Hijos pequeños, dolores de cabeza;
hijos grandes, penas.

Proverbio italiano

Amigos y familia

Cómo conservar a tus amigos
y lidiar con la familia

Como seguramente ya lo sabes, tener un hijo te cambia la vida por completo, es casi como si te atropellara un tren. Cosa que habrás notado si tienes amigos con hijos. Tu mejor amigo no te acompaña al bar todas las noches para emborracharse mientras ven el partido de futbol, juegan billar o simplemente se divierten. Prepárate, a ti te pasará lo *mismo*.

Conserva tus amistades

Para enfrentar estos cambios, necesitas cultivar la relación con amigos que ya tienen hijos. Escucha los consejos que te den para conseguir que tu hijo pequeño duerma toda la noche, o cuál es el programa de televisión más adecuado; así se mantienen entretenidos durante un tiempo y puedes aprovechar para hacer algunas labores domésticas, o ¡relajarte y tomarte un descanso!

Tener amigos con hijos también significa que puedes organizar actividades en las que todos participen, así estarás acompañado por un adulto mientras los niños juegan y no están encima de ti molestándote. Es muy divertido cuando las familias se reúnen para salir de paseo, no importa que sea un día de campo o una simple visita al parque. Asimismo, tus amigos pueden ayudarte a cuidar a tu hijo un par de horas para que disfrutes un rato a solas con tu pareja. Pero no olvides devolverles el favor, de lo contrario no volverás a contar con ellos.

Educar a los hijos es una responsabilidad para toda la vida, pero recuerda que cuando crecen y se vuelven independientes, tienes más libertad y tiempo para hacer lo que quieres, así que no pierdas el contacto con tus amigos. No serás de gran ayuda en el cuidado de los hijos si te vas de fiesta todas las noches, pero no está mal que de vez en cuando pases un buen rato lejos de la familia.

Problemas familiares

Cuando tienes un hijo, toda la familia quiere visitarte. La tía abuela Paty decide de repente que, después de 20 años, es hora de volver a verte, conocer a tu esposa y quedarse en tu casa un par de semanas.

Aunque es perfectamente aceptado que los abuelos, los tíos y tías cercanos del recién nacido quieran verlo, es justo que tu esposa elija y limite la cantidad de tiempo que tendrá que pasar con otra gente en la casa, sobre todo cuando vuelva del hospital. Claro, lo más seguro es que quiera que su madre se quede un tiempo para ayudarla, así que procura llevar una buena relación con tu suegra…

La familia siempre te da consejos para que seas un buen padre, ¡aunque no se los hayas pedido! Pero no importa que seas un excelente papá, en algún momento criticarán la manera como manejas una situación en particular y saldrán con una cantaleta como: "¡Mi mamá no hacía eso!", o "¡En mi época, las cosas eran diferentes!". Sé

diplomático y no discutas. Recuerda que lo maravilloso de los consejos es que son gratis y *no* tienes que tomarlos.

No olvides que el hecho de que tengas un hijo hará que algunos de tus familiares se sientan más viejos, sobre todo tus padres. ¡Un día se fueron a la cama siendo padres y a la mañana siguiente despertaron siendo abuelos! Es posible que sigan considerándote su niño...

Ama a tu prójimo

No importa si te llevas bien o mal con tus vecinos, eso determinará el tipo de relación que establezcas con ellos cuando nazca tu hijo. Si son buenas personas, tratarás de no hacer mucho ruido y te avergonzarás cuando el bebé haga un berrinche a todo pulmón a las tres de la mañana. Pero si no te llevas con ellos, entonces lo más seguro es que no te preocupe mucho que su sueño se vea afectado.

Hablando en serio, qué más da si tus vecinos son tus mejores amigos o no, trata de llevar la fiesta en paz con ellos porque a la larga el beneficiado serás tú. Si vives en un edificio de departamentos o en una casa con terraza donde fácilmente se escuchen los ruidos, tus vecinos estarán más dispuestos a tolerar el inevitable llanto de un bebé recién nacido si te esfuerzas por llevar una buena relación con ellos.

Además, si te llevas bien con tu escandaloso vecino, te será más fácil pedirle que le baje un poco a su relajo cuando intentas dormir al bebé. Sé un vecino bueno y considerado, así lograrás que las personas que viven al lado toleren con más facilidad el ruido que sale de tu casa.

Los vecinos pueden convertirse en buenos amigos tuyos y de tus hijos. Si ellos también tienen hijos, entonces los tuyos tienen compañeros de juego al lado de su casa, y tú cuentas con amigos con quienes puedes convivir.

Si tus vecinos son de edad avanzada, convence a tu hijo para que se haga amigo de ellos. Él quedará fascinado con las historias que le contarán sobre cómo era la vida cuando eran jóvenes. Y si están en condiciones, los señores disfrutarán mucho acompañándolos a ustedes a dar un paseo por el parque, e incluso pueden fungir como niñeras de vez en cuando. Si son de edad avanzada, les dará gusto saber que tienen vecinos que los quieren y se preocupan por ellos.

Si te portas bien con tus vecinos, generalmente ellos también se portarán bien contigo.

Papá dice:

Los seres humanos son las únicas
criaturas de la tierra que permiten
que sus hijos regresen a casa.

BILL COSBY

Cómo hacer un arco y una flecha

Si en verdad quieres convertirte en el héroe de tus hijos e impresionarlos con tus habilidades como cazador tienes dos opciones: una, lucha contra un oso o un cocodrilo; dos, enséñales a hacer un arco y una flecha. Sigue estas indicaciones y, con un poco de práctica, estarás dándole al blanco en un santiamén. Usa una vieja tabla de dardos o un pedazo de madera para que funja como diana. Pero nada más atrévete a usar al gato como blanco, no importa cuánto lo odies, y pasarás de héroe admirado a sujeto ignorado en menos tiempo del que tarda en viajar la flecha. Así que mejor toma un montón de tierra o de arena del jardín y úsalo como blanco, eso también te ayudará a conservar las flechas y será más fácil recogerlas que perseguir a un gato herido.

Para hacer tu arco y flecha necesitas:

- Un asta de madera de aproximadamente 1.5m de largo y del grosor de tu pulgar, cuando menos. Busca un madero largo y recto sin nudos ni retoños, o muy pocos. El tejo es la madera tradicional para hacer arcos, pero también puedes utilizar roble, olmo, abedul o cualquier otro tipo de madera fuerte y saludable.

- La mayor cantidad de ramas rectas y delgadas de aproximadamente 75cm de largo para que las uses como flechas.

- Algunas plumas (búscalas o pídelas en la pollería) o tarjetas delgadas de plástico para usarlas como aletas.

- Cuerda, cáñamo o mecate.

- Hilo de algodón.

- Un cuchillo afilado.

Cómo hacer el arco

1. Para hacer que el arco se doble y recupere su forma, haz un canal en cada extremo. Haz una marca a 0.5cm de cada orilla. Raspa estas secciones hacia el interior del arco, afilando hacia la punta. No necesitas rasparlas mucho, el arco se irá adelgazando poco a poco hasta que las puntas tengan la mitad del grosor del resto del madero. Ahora haz una ranura delgada en la parte exterior de las orillas del arco. La ranura tiene que quedar a 5cm del borde. Allí es donde amarrarás la cuerda.

2. Amarra el cáñamo o mecate que vayas a utilizar como cuerda en un extremo y dobla el arco. No lo dobles mucho porque se doblará más cuando dispares la flecha. Jala la cuerda con firmeza y corta a la altura deseada.

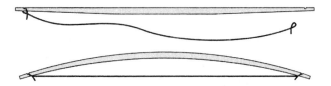

3. Haz un lazo con la parte suelta de la cuerda, pásalo sobre el otro extremo del arco de manera que quede sobre el corte. Siempre suelta la cuerda cuando no uses el arco para que éste no se "quede" doblado y pierda su fuerza.

Las flechas

1. El frente de la flecha debe ser más pesado que la parte de atrás para evitar que dé vueltas por el aire. Busca el centro de la flecha balanceándola en tu dedo. Ahora ya sabes qué extremo (el más

corto) es el más pesado. Haz una ranura en el extremo más liviano y desliza una pluma en ella de manera que sobresalga por ambos lados de la abertura. Ésta será tu aleta. Amarra un pedazo de hilo de algodón adelante y atrás de la pluma para cerrar la ranura y sujetar la pluma en su lugar. Puedes sustituir la pluma con un pedazo de plástico o una tarjeta.

2. Si te sientes muy macho, puedes hacer la punta de la flecha golpeando un pedazo de piedra hasta convertirla en una cuchilla delgada, o tallando una astilla de hueso. Las puntas de la flecha se sujetan en su lugar con el mismo método que utilizaste para la pluma. Sobra decir que una punta muy afilada es extremadamente peligrosa. Es más seguro y sencillo quemar la punta de la flecha con una llama para endurecerla, y después tallarla con un cuchillo. Es aún más seguro hacer las puntas con plastilina.

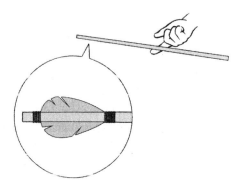

Ya estás listo para practicar. Ponte un guante en la mano con la que sostienes el arco para protegerte de la cuerda porque duele mucho si te pega en la muñeca y, a menos que puedas convertir tu llanto en un grito de guerra, te verás un poco ridículo en ese momento.

Usa las mismas técnicas para hacerles arcos pequeños a los niños. Ahora, consulta la sección "Diez mejores amenazas" para impedir que te disparen en el trasero en cuanto les des la espalda.

Nunca eres demasiado viejo...

La edad es irrelevante cuando se trata de ser padre. Tal vez creas que a mayor edad, mayor sentido común, pero parece que algunos hombres de edad avanzada todavía quieren ser papás. ¿Acaso nunca aprendemos?

El récord del padre de mayor edad lo tiene Les Colley, un minero australiano, que tenía 92 años 10 meses cuando se convirtió en padre de Oswald, en 1992. "Nunca pensé que mi mujer se embarazaría tan fácil, pero ¡bendita sea!", fue lo que respondió a los reporteros en ese momento, refiriéndose a su esposa originaria de Fiji, a quien conoció a través de una agencia de citas un año antes. Colley murió en 1998, justo cuatro meses antes de su cumpleaños número cien.

En una encuesta realizada por la agencia Lloyds TSB, casi una tercera parte de los británicos encuestados dijo que pensaba que tener un hijo después de los 50 años era "genial". Fathers Direct (el Centro Nacional de Información sobre Paternidad) dice que las ventajas de convertirse en padre después de cierta edad superan a las desventajas. "Las investigaciones demuestran que los padres mayores son tres veces más propensos a hacerse responsables de un niño pequeño. Es más probable que se conviertan en padres por elección propia, lo que significa que desarrollan una relación más positiva con el niño. Actúan más como madres, le sonríen al bebé y le hacen muecas, aunque los padres jóvenes tienen energía suficiente para tirarse en el suelo e interactuar con él a través de juegos físicos".

Papás dinosaurios

Desde 1980, el índice de paternidad en hombres entre 35 y 50 años ha aumentado cuarenta por ciento, y ha disminuido el veinte por ciento en hombres menores de 30. Según información de la Oficina Británica para las Estadísticas Nacionales (ONS, por sus siglas en inglés), en 1971, en promedio, un hombre se convertía en padre por primera vez a los 27.2 años, pero para 1999 el promedio de edad se elevó a los 30.1. Las estadísticas de 1997 demuestran que, mientras que la mayoría los padres (151 162) se ubicaba en el grupo de 30 a 40 años, había 41 459 padres que iban de los cuarenta hasta más de los sesenta y cinco años.

Des O'Connor

Cuando el cantante y conductor de televisión Des O'Connor tenía 72 años, nació Adam Harrison Campbell (llamado así en honor a su padre y porque es un nombre común en la familia de Jodie Brooke Wilson, su mujer), su primer hijo varón, en septiembre de 2004. Es el primer hijo de la pareja conformada por O'Connor y su esposa Jodie, que es cantautora. Sin embargo, para Des se trataba de su quinto retoño, ya que tenía cuatro hijas de tres matrimonios anteriores: Karen (nacida en 1963), Tracy Jane (nacida en 1964), Samantha (nacida en 1968) y Kristina (nacida en 1988).

Larry King

A la edad de 67 años, el galardonado conductor de televisión estadunidense Larry King se convirtió en padre de su séptimo hijo, Cannon Edward (que nació en el año 2000). En 1997, King se casó con Shawn Southwick, su sexta esposa, adoptó al hijo de ella y tuvieron otro hijo, que se llama Chance Armstrong y nació en 1999. Algunos de los hijos de Larry King son: Chaisa (1967), de su matrimonio con Alene Akins, ex conejita de Playboy, y su hermano adoptivo Andy (del primer matrimonio de Akins); Kelly, de su matrimonio con Mickey Sutphin, y Larry (1962) de una relación anterior.

Luciano Pavarotti

A los 68 años, el tenor italiano Luciano Pavarotti y Nicoletta Mantovani, su segunda esposa (y antigua secretaria-asistente), tuvieron gemelos, en enero de 2003. Por desgracia, el niño murió debido a complicaciones, mientras que la niña que sobrevivió nació pesando sólo dos kilos. Alice es la cuarta hija de Pavarotti, después de Lorenza (que nació en 1964), Cristina (que nació en 1964) y Giuliana (que nació en 1976), todas hijas de su primera esposa, Adua Veroni, con quien estuvo casado 35 años.

Hugh Hefner

A la edad de 64 años, el fundador de la revista *Playboy*, Hugh Hefner, se convirtió en padre el mismo día de su cumpleaños (9 de abril) de Marson Glenn, en 1990, y el 4 de septiembre de 1991 de Cooper Bradford, a quienes procreó con Kimberley Conrad, su segunda esposa y *playmate* del año 1989. Hefner tuvo dos hijos con su primera esposa Mildred "Millie" Williams. Su hija Christie Ann (ahora presidenta de Playboy Enterprises Inc.) nació el 8 de noviembre de 1952, y su hermano David Paul el 30 de Agosto de 1955.

Warren Beatty

A los 63 años, el actor, productor y guionista estadunidense Warren Beatty y su esposa Annette Bening (con quien trabajó en la película *Bugsy*, en 1991) tuvieron a su cuarta hija Ella Corrine (que nació en el año 2000). Sus otros tres hijos son: Kathlyn Elizabeth (1992), Isabel Ira Ashley (1997) y Benjamín McLaine (1994).

Julio Iglesias

A la edad de 63 años, el cantante español Julio Iglesias tuvo a su hijo número ocho en 2006 con su esposa Miranda Rijnsburger. Ya tenían dos hijos varones, Miguel (que nació en 1997) y Rodrigo (que nació en 1999), y a las gemelas Victoria y Cristina (que nacieron en 2001). Los otros hijos de Julio Iglesias son: Chabeli María Isabel (1971), Julio José (1973) y el famoso cantante Enrique Miguel (1975). Julio sigue los pasos de su padre, el Dr. Iglesias Puga, quien, a la edad de 89 años, se convirtió en padre de Jaime, medio hermano de Julio. Ronna Keitt, la pareja del Dr. Iglesias, estaba embarazada de su segundo hijo cuando el señor murió repentinamente a los 90 años. Ruth nació el día que su padre cumpliría 91 años.

Sir Paul McCartney

A la edad de 61 años, el ex Beatle Sir Paul McCartney tuvo a su cuarto hijo, una niña llamada Beatrice Milly McCartney, que nació el 28 de octubre de 2003 y a quien procreó con su segunda esposa, Heather Mills. La niña fue llamada así en honor de Beatrice, la fallecida madre de Heather, y Milly, la tía de Sir Paul. Sir Paul adoptó a Heather Louise (que nació en 1962), hija de su primera esposa, Linda Eastman, y después tuvieron tres hijos, producto de su matrimonio. Ellos son: Mary Anna (nació en 1969 y recibió ese nombre en honor a la difunta madre de Paul), Stella Nina (1971) y James Louis, su único hijo varón, (que nació en 1977 y fue llamado así por el difunto padre de Paul, y Louise, la desaparecida madre de Linda).

Rod Stewart

A los 60 años, el cantante Rod Stewart tuvo a su séptimo hijo (y tercer varón) con su prometida Penny Lancaster, que nació el 27 de noviembre de 2005 y se llama Alastair Wallace Stewart. La primera hija de Stewart, Sarah Thubron, nació en 1964 y es hija de la estudiante de arte Susana Boffey, quien la dio a luz cuando tenía 19 años. Kimberly, su segunda hija, nació en 1979 y es hija de su primera esposa, Alana Hamilton, con quien también procreó a Sean, su primer hijo varón, en 1981. Ruby, su tercera hija, nació en 1987 y es hija de la modelo Kelly Emberg, con quien sostuvo una relación. Rachel Hunter, su segunda esposa, dio a luz a Renee, la cuarta hija de Stewart, en 1992, y a Liam, su segundo hijo varón, en 1994.

Papás antes y ahora

Alguna vez, hace años, un padre era el jefe indiscutible de la familia. En la actualidad, eres el último en la fila para usar el baño. La paternidad ha cambiado mucho en el último siglo. Hoy en día, se espera que los padres interactúen más con sus hijos, que jueguen un papel activo en su educación y, si quieres dejar de ser una mera figura decorativa, tienes que saber en qué andan metidos los niños de hoy, que son de mente independiente.

✥

Antes

En 1900, el padre insistía en que sus hijos aprendieran a leer y escribir correctamente.

Ahora

Al padre le gustaría que sus hijos simplemente hablaran con palabras que se entiendan.

✥

Antes

En 1900, los caballos de fuerza del padre se referían a sus caballos.

Ahora

Es la potencia del motor de su camioneta.

✥

Antes

En 1900, se consideraba buen padre al hombre que daba un techo a su familia.

Ahora

Tiene que proveer un techo, alberca, establos y estacionamiento para cuatro autos... y ésa sólo es la casa de descanso.

Antes

En 1900, el padre esperaba a que el doctor le avisara cuando nacía el bebé.

Ahora

El padre se pone un traje especial, sabe respirar y lleva consigo la cámara digital.

❖

Antes

En 1900, los hijos heredaban la ropa de su padre.

Ahora

¡Los hijos prefieren morirse antes que usar la ropa de su padre!

Antes

En 1900, el padre enseñaba a sus hijos cómo manejar el negocio de la familia.

Ahora

El padre reza para que sus hijos regresen de la universidad el tiempo suficiente para que le enseñen a usar la computadora.

❈

Antes

En 1900, el padre fumaba su pipa o un puro después de la cena.

Ahora

Si intenta hacerlo, lo corren de la casa acompañado de un discurso sobre el cáncer de pulmón.

❈

Antes

En 1900, el padre sacudía con delicadeza a sus hijos y les decía en voz baja: "Despierta, se hace tarde para ir a la escuela".

Ahora

El hijo sacude violentamente al padre a las cinco de la mañana gritándole: "¡Despierta, tienes que llevarme al entrenamiento de futbol!"

❈

Antes

En 1900, el padre llegaba a casa y encontraba a su esposa e hijos sentados a la mesa, esperándolo para cenar.

Ahora

El padre llega a casa y encuentra una nota que dice: "Joe está en el futbol, Carol en el gimnasio, yo en la yoga, y la pizza en el congelador".

Antes

En 1900, padre e hijo sostenían conversaciones íntimas mientras pescaban en el arroyo.

Ahora

El padre le arranca los audífonos a su hijo y le grita: "CUANDO TENGAS UN MINUTO…"

✤

Antes

En 1900, el padre desayunaba en la cama: huevos, tocino, salchicha y pan frito.

Ahora

El desayuno es cereal bajo en grasa, leche semidescremada, pan tostado y un discurso sobre el colesterol.

✤

Antes

En 1900, el padre decía: "El hogar de un hombre es su castillo".

Ahora

El padre dice: "Bienvenido al pozo del dinero".

✤

Antes

En 1900, una comida feliz era cuando el padre contaba historias graciosas en la mesa.

Ahora

Una comida feliz es cuando papá la compra en McDonald's.

Antes

En 1900, cuando el padre entraba a una habitación, los hijos se ponían de pie.

Ahora

Los hijos voltean hacia arriba y dicen enfadados: "Papá, estás tapando la televisión".

✤

Antes

En 1900, el padre exigía saber qué intenciones tenían los pretendientes de sus hijas.

Ahora

El padre rompe el hielo diciendo: "Entonces… ¿desde cuándo tienes ese arete en la nariz?"

✤

Antes

En 1900, el valor del padre no era apreciado.

Ahora

En el siglo xxi, el valor del padre nunca se aprecia.

Papá dice...

*La herencia es que los padres
de un adolescente se pregunten
si han hecho bien las cosas.*

LAURENCE J. PETER

Por qué se festeja el día del padre

Seamos honestos, el día del padre no es tan importante como el día de la madre. Los papás están muy lejos de ser festejados con el mismo alboroto con el que se festeja a las mamás. Sin embargo, ni vale la pena quejarse porque sólo lograrás quedar como un malagradecido por la tarjeta hecha en casa y el aromatizante para el auto que te regalaron. También debemos recordar que el día del padre fue inventado por una mujer, y hay que agradecérselo.

A Sonora Dodd, una mujer estadunidense, se le ocurrió la idea de celebrar el día del padre cuando escuchaba un sermón del día de las madres, en 1909. Sonora quería dedicar un día para honrar a su padre, William Smart, quien quedó viudo cuando su esposa murió al dar a luz a su sexto hijo. El Sr. Smart se quedó solo y tuvo que educar al recién nacido y a sus otros cinco hijos en una granja al este de Washington.

El primer día del padre

Cuando Sonora creció, comprendió que su padre había educado a sus hijos como padre soltero dejando de lado el egoísmo. El padre de Sonora cumplía años en junio, por eso el primer día del padre se celebró el 19 de junio de 1910 en Spokane, Washington.

En 1924, el presidente Calvin Coolidge apoyó la idea, pero fue hasta 1966 cuando Lyndon Johnson firmó la proclamación presidencial que declaraba que el día del padre se celebraría cada tercer domingo de junio. Y dicha celebración se volvió permanente en 1972.

Las flores del día del padre son las rosas: rojas si está vivo, blancas si es difunto. Entonces, tienes todo el derecho de molestarte si la tarde del 18 de junio ves a tu esposa e hijos preparando un arreglo de rosas blancas.

El primer día de escuela

El primer día de escuela puede ser un momento emocionante y estresante al mismo tiempo para el niño y para los padres; emocionante porque es un gran paso en la vida del pequeño, y estresante porque implica separación. No importa que sea el primer día de tu hijo en la guardería, el jardín de niños o la escuela de educación básica, hay muchas cosas sencillas que puedes hacer para ayudarlo a prepararse para esta nueva aventura.

Haz que tu hijo se acostumbre a la sensación de no tenerte cerca dejándolo con algún familiar o amigo durante unas horas. Eso le dará al niño la confianza de saber que no lo abandonaste y vas a regresar por él.

Las aptitudes sociales como la habilidad para compartir, tomar turnos y formar parte de un grupo son herramientas excelentes para que tu hijo aprenda y se prepare mejor para tratar con otras personas y enfrentarse a situaciones nuevas. Los niños empiezan a aprender estas habilidades cuando se integran a un grupo donde hay más bebés o si realizan actividades con otros niños pequeños.

¿La nueva escuela es la adecuada para tu pequeño? Haz tu tarea, asiste a las clases abiertas y, si es posible, ve acompañado de tu hijo. Habla con los maestros, haz preguntas y procura ver cómo se desarrolla la acción en la escuela.

¿El desarrollo físico de tu hijo corresponde con su edad? Los niños en edad preescolar tienen que ser capaces de alimentarse por sí mismos, no usar pañal, subir y bajar escaleras y vestirse solos. Si le cuesta trabajo, guíalo para que aprenda a hacer las cosas por sí mismo, no le resuelvas todo.

Hay ciertas cosas que puedes hacer para ayudar a que tu hijo se preparare para la aventura de su primer día de escuela:

Dile con anticipación a qué escuela irá. Si es posible, llévalo para que la conozca y se familiarice con ella.

Di cosas positivas y asegúrale al pequeño que la escuela es un buen lugar. Practiquen algunas actividades escolares divertidas que le llamen la atención. La preparación es esencial, por eso ten todo listo antes del gran día.

El salón de clases

Muchas escuelas permiten que los padres entren al salón de clases el primer día para que ayuden a instalarse a los niños. No te preocupes si tu hijo llora o no quiere separarse de ti, los instructores y profesores están acostumbrados a estas situaciones. Tienes que dejar que ellos se hagan cargo del niño cuando consideren que es el momento adecuado, así tu hijo podrá establecer una relación de confianza con ellos. Los niños reaccionan de diferentes maneras cuando se quedan al cuidado del maestro, y algunos hacen más escándalo que otros. Confía en que pronto se acostumbrará a la rutina de las mañanas y los berrinches desaparecerán muy pronto.

¡Ayuda a tu hijo para que haga un amigo! Con suerte, tu hijo empezará la escuela acompañado de algún niño que conoció en los cursos de preescolares. Si es el caso, procura que los dos vayan juntos a la escuela el mismo día.

Después de unos cuantos días te preguntarás por qué estabas tan preocupado, al ver que tu pequeño va feliz a la escuela con sus nuevos amiguitos.

La noche que papá está a cargo

De vez en cuando, tendrás que dejar que la mujer de la casa salga a divertirse con sus amigas. Después de todo, ésa es la única manera de justificar las salidas con tus amigos. Aunque esto, obviamente, significa que te encargues del cuidado de los niños. Y no lo olvides, *tú* estás a cargo, no ellos. La única manera de sobrevivir es organizar con anticipación un buen plan para pasarla bien. Elige actividades para mantenerlos entretenidos, pero que también sean divertidas para ti. Allí está la clave, que la velada sea divertida para que tú también pases un rato agradable.

Uno de los primeros obstáculos que tendrás que sortear es la cena. Por supuesto, siempre puedes recurrir a los menús de comida rápida que están pegados en el refrigerador, pero es mucho más divertido que entre todos hagan una pizza y vean su película favorita.

Pizza sencilla

INGREDIENTES:

2 ¼ cucharaditas de leche
2 cucharadas de harina
⅛ cucharadita de polvo para hornear
una pizca de sal
1 cucharadita de margarina
1 cucharada de salsa de tomate para pizza
1 ½ cucharada de queso mozzarella rallado

1. Precalienta el horno durante 15 minutos.

2. En un tazón, vierte la leche y poco a poco incorpora la harina, el polvo para hornear, la sal y la margarina hasta que la masa tenga consistencia de migajas.

3. Forma una pelota con la masa (añade más harina si está muy pegajosa) y colócala en una charola engrasada.

4. Con los dedos, aplana la masa de manera uniforme sobre la superficie de la charola, y luego hacia los lados.

5. Vierte de manera uniforme la salsa de jitomate sobre la masa y espolvorea el queso.

6. Añade los ingredientes que quieras, como aceitunas, champiñones, jitomate, etcétera.

7. Hornea durante 20 minutos, o hasta que dore.

8. ¡Rebana y disfruta!

La película

No tienes que esperar a que sea el día que mamá sale con sus amigas, ver una película puede convertirse en un evento especial en el que participe toda la familia. Fija un día y una hora para que empiece la función, y procura terminar tus labores con anticipación.

Las películas son un escape y necesitas la atmósfera adecuada, por eso una habitación oscura, suficientes asientos cómodos y las golosinas son esenciales. Para evitar interrupciones innecesarias, programa un intermedio para que vayan al baño o por más bebidas, y activa la contestadora automática. Si no se ponen de acuerdo con respecto a qué quieren ver, escribe los títulos de las películas en trozos pequeños de papel, dóblalos y saca uno al azar. Si siguen quejándose y refunfuñando, tú decide. Recuerda que supuestamente *tú* estás a cargo.

No hace mucho tiempo, las únicas opciones para ver una película en familia eran ir al cine o esperar la inevitable repetición de *El mago de Oz* o *Milagro en la calle 43* en Navidad. Hoy en día, a los pocos meses del estreno en cine de la película más taquillera, se encuentra disponible a la renta o a la venta.

A continuación te sugerimos algunos títulos de películas clásicas que pueden ver el día que "Papá está a cargo". (Por favor, revisa las clasificaciones de las películas para que compruebes que son apropiadas para las edades de tus hijos).

PARA TODAS LAS EDADES:

La cenicienta: Está basada en el cuento de hadas más famoso del mundo, la historia es fascinante, la música memorable, la animación espectacular y los personajes inolvidables.

La sirenita: Ariel, una sirena cariñosa y traviesa, se embarca en la aventura de su vida al lado de su mejor amigo, el adorable Flounder, y el cantante caribeño de *reggae*, el cangrejo Sebastián.

Cars: Comedia animada sobre las aventuras de un coche de carreras que nos enseña que lo más importante es vivir la vida, no acumular triunfos. El presumido novato Rayo McQueen vive a mil por hora, hasta que una desviación en el camino lo lleva a la carrera más importante de su vida.

Shrek: Es la adaptación del cuento de hadas que William Steig publicó en 1990. Es la historia de cómo Lord Farquaad obliga al ogro Shrek a rescatar a la princesa Fiona del dragón para que pueda casarse con ella. En el camino, Shrek se hace amigo de un burro que habla y se enamora de Fiona. Si te gusta, también busca *Shrek 2*.

La era de hielo: Esta película animada por computadora es protagonizada por los amigos Sid, el torpe perezoso, y Manfred (Manny), uno de los últimos mamuts que aún quedan con vida. Se encuentran a un bebé cerca del río y deciden regresarlo a su tribu. Si quieres conocer más sobre la prehistoria, también ve *La era de hielo 2*.

Buscando a Nemo: Esta divertida aventura te lleva al maravilloso mundo submarino de la Gran Barrera de Coral de Australia. Nemo, un pequeño y aventurero pez payaso, termina inesperadamente en el acuario de un dentista. Les corresponde a Marlin, su preocupado padre, y a Dory, una amiga con pésima memoria, realizar el viaje épico para llevar a Nemo de regreso a casa.

Toy Story: Fue el primer largometraje animado por computadora. Es una divertida fantasía sobre la vida que llevan los juguetes cuando se quedan solos. Woody, un vaquero pasado de moda, es el juguete favorito de Andy. Pero cuando recibe de regalo de cumpleaños a Buzz Lightyear, el llamativo héroe espacial pone de cabeza la habitación de Andy. Si te gustó ir al infinito y más allá, *Toy Story 2* es más de lo mismo.

Madagascar: Sigue las aventuras de Alex el león y sus mejores amigos: Marty, la cebra, Melman, la jirafa, y Gloria, el hipopótamo, que viven en el zoológico de Central Park, en Nueva York. Junto con unos desventurados pingüinos, los amigos escapan del zoológico, pero descubren que fueron capturados con dardos y enviados en barco a vivir una aventura en Madagascar. Estos neoyorquinos tienen que ingeniárselas para sobrevivir en la selva y comprobar el sentido de la frase: "La selva está allá afuera".

Monsters Inc.: Esta impresionante animación, llena de acción, tiene como protagonista a James P. Sullivan (Sulley) y su ocurrente y gracioso mejor amigo, Mike Wazowski. Ellos trabajan en Monsters Inc., la fábrica procesadora de gritos más importante de Monstropolis. Los monstruos creen que los niños son peligrosos y tóxicos, por eso entran en pánico cuando una niña pequeña llega a su mundo. Sulley y Mike se enfrentan a monstruosas intrigas y divertidísimas desgracias en el camino.

El rey león: Nos cuenta las aventuras de Simba, un intrépido cachorro de león que "no puede esperar a ser rey". Pero su envidioso tío Scar tiene planes para ascender al trono y exilia a Simba del reino.

Solo y a la deriva, muy pronto Simba se une a las aventuras de un simpático suricato llamado Timón y su buen compañero el jabalí Pumbaa. Al adoptar el estilo desenfadado de sus nuevos amigos, Simba olvida sus verdaderas responsabilidades hasta que se da cuenta de su destino y regresa para reclamar su lugar en el "Círculo de la Vida".

PARA NIÑOS MAYORES DE 10 AÑOS:

Spy Kids: Está llena de una gran variedad de artículos de alta tecnología muy padres. En esta primera película conocemos a los súper espías internacionales Gregorio e Ingrid Cortéz, quienes cambiaron la emoción del espionaje por la aventura de ser padres. Pero cuando vuelven a llamarlos para una misión secreta, los Cortéz son separados de su familia y secuestrados por el malvado Fegan Floop. Los niños Carmen y Juni atraviesan valientemente el mundo en una emocionante aventura para salvar a sus padres.

Charlie y la fábrica de chocolate: Es una adaptación de la historia clásica de Roald Dahl sobre Willy Wonka, un excéntrico fabricante de chocolate, y Charlie, un niño que pertenece a una familia pobre que vive a la sombra de la extraordinaria fábrica de Wonka. Éste lanza un concurso a nivel mundial para elegir al heredero de su imperio de chocolate. Cinco afortunados niños, entre ellos Charlie, obtienen los boletos dorados que vienen en las barras de chocolate Wonka y ganan una visita guiada a la legendaria fábrica de dulces, que nadie ha visto en 15 años.

PARA JÓVENES MAYORES DE 12 AÑOS:

Las crónicas de Narnia: el león, la bruja y el ropero: Largometraje basado en la historia clásica escrita por C.S. Lewis y protagonizado por Lucy, Edmund, Susan y Peter, cuatro hermanos que encuentran el mundo de Narnia a través de un ropero mágico, mientras juegan a las escondidas en la casa de campo de un misterioso profesor. Sigue las aventuras de los niños que llevan a Narnia a una espectacular batalla.

Harry Potter y la piedra filosofal: La primera adaptación de la serie de novelas escritas por J. K. Rowling sobre un niño aparentemente normal de 11 años, que en realidad es un mago que sobrevivió a un intento de asesinato a manos del malvado Lord Voldemort. Si esta primera película te deja embelesado, haz una cita con las siguientes cuatro para que conozcas más sobre las aventuras de Harry y sus amigos.

La guerra de las galaxias: Tienes para escoger, desde *La venganza de los sith,* estrenada en 2005, hasta la primera *Guerra de las galaxias,* de 1977. Los fanáticos de la ciencia ficción no pueden perderse esta saga, que cuenta con un total de seis títulos.

El hombre araña 1 y 2: Dan vida al súper héroe de las historietas de Marvel en dos películas llenas de acción. Acompaña a Peter Parker-Hombre araña a luchar contra el Duende Verde y el Doctor Octopus en estos taquilleros dramas.

King Kong: En 2006 se estrenó la nueva versión de la película original de 1933 sobre un gigantesco simio llamado Kong, el cual es descubierto viviendo en una enorme selva donde criaturas prehistóricas se han protegido y escondido durante millones de años. Ponte cómodo para esta aventura de tres horas y ocho minutos.

Los piratas del Caribe – La maldición del Perla Negra: Sigue al pícaro, pero encantador capitán pirata Jack Sparrow, interpretado magistralmente por Johnny Depp. Esta aventura llena de suspenso, acción con espadas, misterio, humor y personajes inolvidables, es una excelente opción por donde se mire. Y no te pierdas la continuación *El cofre de la muerte,* del año 2006.

Diez formas de obtener paz y tranquilidad

1. Pídeles a tus padres o a algún familiar que se lleven a tus hijos, a dar un paseo, por supuesto, no que los secuestren.

2. Cómprales audífonos a todos tus hijos para TV/DVD/CD, y asegúrate de que también funcionen para los videojuegos.

3. Enciérrate en la despensa.

4. Convierte tu sótano en un pequeño parque temático.

5. Acondiciona la casita del jardín con un *PlayStation*, una televisión y/o un estéreo solamente para ti. No olvides comprar un candado.

6. Cuando sea cumpleaños de tu esposa (o tuyo) váyanse a pasar la noche a un hotel, y pídele a un familiar que se quede en tu casa para cuidar a los niños. Recuerda que tienes que volver a casa.

7. Instala un baño en el jardín o en el patio para que puedas desaparecer con el periódico del domingo.

8. No abandones tus pasatiempos, tu mujer no impedirá que hagas lo que te gusta y se convertirán en la excusa perfecta para que te dediques un poco de tiempo. Si tu pasatiempo favorito es escalar el Monte Everest, mucho mejor.

9. Compra una casa de campaña para una persona, ponla en el jardín e imagina que estás acampando en la Antártica. Lo más recomendable es que lo hagas en época de invierno, así se reducirán las posibilidades de que la familia quiera acompañarte.

10. Compra otra casa que necesite reparaciones y dedica los fines de semana a trabajar en ella. Llévate el periódico, o un libro, y un barril de cerveza. Deja el celular en casa.

Cosas que jamás dirá un padre

- ¿Qué te parece? ¡Me perdí! Creo que tenemos que parar a preguntar.

- Aquí están las llaves de mi coche nuevo, ¡DISFRUTALO!

- ¿Cómo que quieres jugar futbol? ¿No te gusta el *ballet*, hijo?

- Tu madre y yo vamos a salir de fin de semana, invita algunos amigos a la casa. No, mejor aún, haz una fiesta.

- No sé qué tiene tu coche. Llama una grúa para que lo lleve con el mecánico y págale lo que te pida.

- Ningún hijo mío vivirá bajo este techo si no tiene un tatuaje, así que deja de quejarte y vamos a que te hagan uno.

- ¿Para que quieres trabajar? Yo gano dinero suficiente para cubrir tus gastos.

- Creo que la edad no importa cuando se trata de una relación; después de todo, él es solamente 15 años mayor que tú.

- Aquí está mi tarjeta de crédito y mi número confidencial.

- Claro que puedes ir a la fiesta, llámame a las cuatro de la mañana y voy a recogerte.

- ¿El día del padre? No te preocupes, no es tan importante.

Cómo enseñar a tu hijo a andar en bicicleta

¿Te acuerdas cuando aprendiste a andar en bicicleta sin las ruedas de atrás? ¿Recuerdas que estabas muy asustado? ¿Te acuerdas cómo se reía tu papá? Ahora es tu turno.

Aprender a andar en bicicleta de dos ruedas es un gran acontecimiento para cualquier niño, y como padre no querrás perdértelo; sin embargo, no todo es diversión. Tú serás el que trote durante kilómetros junto a la bicicleta con la espalda doblada en un ángulo doloroso y poco natural, sólo así puedes agacharte para estabilizar la bicicleta, sosteniéndola por la parte de atrás del asiento en cada vuelta, y el que saldrá lastimado cada vez que los pedales choquen contra tus espinillas. ¿Por qué querrías perderte todo esto?

Preparación

- La bicicleta tiene que ser del tamaño adecuado para tu hijo.

- Si aún no las tiene, ponle las ruedas de entrenamiento en las llantas de atrás.

- Compra un casco del tamaño correcto y pídele a tu hijo que lo utilice siempre que se suba a la bicicleta.

- También compra rodilleras y coderas.

- La ropa que use debe protegerlo, pero no debe quedarle muy holgada para que no se le atore en la bicicleta.

- Explícale que es importante andar en bicicleta en lugares seguros y usar ropa que lo proteja por si llegara a suceder un accidente.

- Dile qué hacer en caso de que se caiga y explícale que las caídas son parte del proceso de aprendizaje.

- Elige un lugar seguro para enseñarlo a andar en bicicleta. Un campo con pasto corto y grueso o un camino rodeado de pasto son ideales. Debe haber suficiente espacio abierto, piso parejo y nada de tráfico vehicular.

Andando en bicicleta

- Sube a tu hijo a la bicicleta y dile que empiece a pedalear, tú camina a su lado.

- Pídele que intente balancearse con las ruedas de la bicicleta, y explícale que más adelante le quitarás las llantas de entrenamiento.

- Deja que tu hijo use la bicicleta con las rueditas de atrás el mayor tiempo posible, y antes de quitárselas asegúrate de que aprenda a frenar.

Adiós a las ruedas de entrenamiento

- Retira las rueditas cuando tu hijo se sienta completamente seguro andando en bicicleta.

- Sostén bien la bicicleta del asiento, y a tu hijo de la parte de atrás de su playera, o del manubrio y la playera respectivamente.

- Empuja y corre al lado del niño, indicándole que siga pedaleando y que mantenga la vista al frente.

- Quita la mano del asiento cuando sientas que ya se equilibra solo.

- Anímalo al tiempo que lo sueltas de la playera.

- Repite los primeros tres pasos hasta que tu hijo pueda pedalear sin tu ayuda.

Es muy probable que haya algunos choques y caídas, pero los niños son sumamente resistentes y con unas cuantas palabras de consuelo y un abrazo, tu hijo volverá a subirse a la bicicleta. Su mayor anhelo es poder andar en bicicleta como los niños más grandes. Tal vez necesiten un par de lecciones pero, una vez que tu pequeño domine el arte de pedalear y balancearse, él o ella progresarán rápidamente.

Tienes todo el derecho a sentirte orgulloso, pero también sentirás un poco de tristeza cuando veas que se va pedaleando solo. ¡Es una cosa más para la que ya no te necesita!

Cómo lograr que los niños se acuesten temprano

Cuando hay un programa en la televisión que quieres ver, o si tienes invitados a cenar, se convierte en una pesadilla lograr que los niños se vayan a la cama. No les gusta que los excluyan, así que tienes que usar tus mejores amenazas y sobornos para meterlos a la cama y convencerlos de que se queden allí. La mejor manera de resolverlo es asegurarte de que estén bien y listos para acostarse.

Necesitas establecer una rutina, a los niños les da seguridad seguir una rutina que les es familiar. Por naturaleza, algunas personas son más organizadas que otras, pero todas pueden fijar rutinas y sistemas que les ayuden a conservar un ambiente feliz al final del día.

El final de las vacaciones escolares

Al principio es difícil que tus hijos vuelvan a su horario habitual, así que empieza a meterlos a la cama a la hora de siempre unos días antes de que empiecen las clases.

Ejercicio

La escuela representa un desafío mental, pero es un hecho que no los agota físicamente. Por eso, sácalos para que tomen suficiente aire fresco y hagan ejercicio. Llévalos y recógelos de la escuela caminando en lugar de usar el auto. Saquen a pasear al perro, jueguen en el parque, naden, o inscríbelos en algún club deportivo por las tardes. Si los niños no gastan energía en el día, lo más seguro es que en la noche les cueste trabajo quedarse dormidos.

Tarea

No permitas que dejen la tarea para el último minuto de la tarde. Si tienen que hacer cierto número de labores, ponlas en orden de importancia y asegúrate de que tengan a la mano el material, libros de referencia o cualquier cosa que necesiten antes de empezar. No debe haber distracciones, por eso es mejor que les asignes un espacio donde puedan estudiar tranquilos.

Prepárense para el día siguiente

Antes de irse a acostar, preparen todo lo que necesiten para el día siguiente. Una mente despejada asegura una buena noche de sueño. Haz una lista de "pendientes" como recordatorio de las cosas que necesitan para las diferentes clases, así no se olvidarán las tareas, el equipo de educación física o los instrumentos musicales y saldrán a tiempo.

Hora de la comida

Procura que la familia coma junta a una hora razonable. Ocupen este tiempo para platicar cómo estuvo su día y el de los niños. Evita que consuman estimulantes como bebidas gaseosas, dulces o chocolates.

Diversión

Una vez que concluyan con las labores y las tareas del día, permite que se diviertan. No se trata de que nada más trabajen y no jueguen. Dales tiempo libre para que se entretengan y hagan lo que quieran. Después de todo, son niños...

Rutina

La mejor manera de evitar las batallas antes de dormir es establecer un ritual y cumplir con él pase lo que pase. Aunque se quejen al principio, se acostumbrarán.

Relajación

Un baño caliente por las noches reduce el ritmo cardíaco, relaja los músculos y ayuda a tener una buena noche de descanso. La hora del baño también puede ser divertida, pero no permitas que las guerras de burbujas o las batallas navales duren mucho tiempo.

Tranquilidad

¡Ya casi lo logras! Escoge su libro de cuentos favorito, mételos a la cama y ponte a leer. Si ya tienen edad para leer solos, hazlos que participen, tomen turnos y lean una página cada quien. También puedes darles diez minutos para que lean antes de apagar la luz.

Buenas noches y dulces sueños. Ahora sí, ¿qué querías ver en la televisión?

Consejos prácticos para tener una mañana sin estrés

Cuando el tiempo apremia, la cola para el baño es larga y hay cabezas despeinadas por todos lados, por eso los papás inteligentes necesitan una estrategia para sobrevivir a la locura matutina.

No siempre culpes a los niños por cómo te sientes en las mañanas. Si estás de mal humor o estresado, los contagiarás y lograrás que también se sientan de mal humor y enojados.

Debes establecer una rutina no negociable, sin opciones, y con las debidas consecuencias si no se cumple. Por ejemplo, si no se levantan a la primera llamada, la hora de acostarse se adelantará 15 minutos esa noche.

Básicos matutinos

Aunque es necesario planearlos con anticipación, a la larga te ahorran tiempo y evitan peleas y desacuerdos.

1. Fija un orden para entrar al baño y deja en claro que el que se descuide pierde su lugar.

2. Ten listos los uniformes y la ropa. Hacerlo la noche anterior es una buena idea.

3. No dejes que los cambios de estaciones te tomen desprevenido. Si una ola de calor azota inesperadamente en febrero, ten a la mano las gorras y el bloqueador solar.

4. Al inicio del otoño empieza a buscar el guante que desapareció del armario, no esperes a que caiga la primera helada. Planea con anticipación y ten listos la ropa, los zapatos, los gorros y las bufandas.

5. Prepara los equipos de educación física, los artículos especiales o el material que requieran para las clases. Lo último que necesitas es que te pidan los ingredientes para hacer un pastel a las siete de la mañana.

6. Revisa que las tareas vayan en las mochilas. No hay nada peor que acordarse a medio camino que la tarea se quedó en la mesa de la cocina.

7. El desayuno es importante. Muchos expertos afirman que es la comida *más* importante del día, así que tus hijos necesitan un comienzo nutritivo. Opta por varias opciones y pon la mesa para que todos desayunen juntos.

8. Prepara y refrigera los almuerzos la noche anterior.

9. ¿Por qué no dedicas 10 o15 minutos para ti? Date un relajante baño y toma una taza de té, o haz un poco de ejercicio antes de que despierten los niños.

10. Si tus hijos no se despiertan solos, ponles un poco de música suave o un audio libro 10 minutos antes de que tengan que despertarse.

Recuerden que deben hablar. Platiquen sobre las cosas divertidas que pueden hacer juntos después de la escuela o en el fin de semana. Todo debe ser positivo y alegre para que empiecen bien el día. Pero sobre todo, ¡no dejes de sonreír!

Dinero en el bolsillo,
¡lo que te costará!

No tienes más opción que aceptarlo, eres el banco de la familia, aunque no cobras intereses, ni cancelas préstamos. Tu sistema bancario es más bien un flujo de dinero que sale y nunca regresa a ti. Conforme tus hijos crecen, te das cuenta de que tienes más cosas que hacer y tu tiempo libre se esfuma en un abrir y cerrar de ojos. Debes buscar el tiempo para llevarlos a casa de sus amigos, a las actividades extra escolares, como el futbol, el *ballet* o las clases de música, y también ayudarlos con sus tareas, que cada vez son más complicadas.

Para que tengas tiempo de hacer todas estas cosas, es de vital importancia que "entrenes" a tus hijos a temprana edad para que te ayuden con las labores de la casa, y ¡la mejor manera de conseguirlo es mediante el soborno! No puedes llamarlo de otra manera, ya que

si no fuera por la recompensa económica las probabilidades de que te ayuden serían nulas.

Puedes empezar asignándoles trabajos ligeros como acomodar los juguetes de su recámara y poner la ropa sucia en el canasto. Si son un poco más grandes, pueden ayudar a sus hermanos pequeños a vestirse y a lavarse los dientes. Cuando confíes en que no van a romper nada, ponlos a lavar los trastos y deja que se prepararen sus sándwiches. Y si están cerca de la adolescencia, pueden cortar el pasto o lavar el auto.

Más viejos y más sabios

Sobra decir que entre más grandes son y más complejas se vuelven las labores que deben hacer, mayor es la recompensa económica que piden. A tu hijo de 8 años puedes pagarle cinco pesos por lavar los platos, pero el de 12 años sabe que llevar el coche a lavar te cuesta treinta pesos, por lo que querrá ganar una suma similar por hacerlo en la cochera de la casa.

No importa qué tan afectada se vea tu cartera, vale la pena que tus hijos te ayuden porque consigues un poco de tiempo para relajarte o hacer lo que te gusta. ¡Claro, suponiendo que te dejen suficiente dinero en el bolsillo!

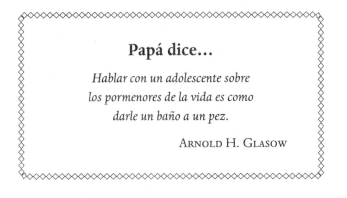

Papá dice...

*Hablar con un adolescente sobre
los pormenores de la vida es como
darle un baño a un pez.*

ARNOLD H. GLASOW

Paternidad, el recuento de los daños

El dinero que sale de tus bolsillos puede llegar a mermar un poco tus recursos financieros, pero ése es el menor de tus problemas económicos cuando se trata de criar a los hijos. Es costoso mantener a los niños, y además tienen la desagradable costumbre de dejar la ropa y los zapatos en menos de lo que canta un gallo. Sin embargo, algunas de las cargas financieras relacionadas con los niños pasan prácticamente inadvertidas.

Antes del nacimiento

Todo el mundo sabe que educar a un hijo es bastante caro. Pero ¿sabes que los padres gastan un promedio de 30 mil pesos en el bebé antes de que nazca? En una encuesta llevada a cabo en el Reino Unido, ocho de cada diez padres dijeron que empezaron a gastar en el nuevo miembro de la familia antes de los seis meses de embarazo.

En promedio, los futuros padres gastan 20 mil pesos en artículos básicos para el bebé, como cochecito, asiento para el auto, cambiador, equipo para alimentarlo, monitores para la habitación, juguetes y ropa.

Las mujeres gastan otros 10 mil en ropa de maternidad, libros, revistas, tratamientos de belleza y suplementos durante el embarazo.

Casi el 8 por ciento de los padres pagan para redecorar la habitación en la que dormirá el bebé, mientras que el 20 por ciento llega al extremo de cambiarse de casa, con un costo estimado de alrededor de doscientos mil pesos (sin incluir la nueva hipoteca ni los impuestos).

Uno de cada siete encuestados dijo que gastó entre 40 y 50 mil pesos para preparar la llegada del nuevo bebé, mientras que el 2 por ciento dijo que había gastado más de cien mil pesos.

Aparentemente, los artículos más costosos fueron los cochecitos y los calentadores de biberones.

Penas y precios que aumentan

Según una investigación reciente, en estos tiempos educar a un niño cuesta más que una casa común y corriente en el Reino Unido. Desde que nacen hasta que salen de la universidad, a los 21 años, los padres gastan dos millones de pesos en alimentar, vestir y mandar a los hijos a la escuela, en comparación con el millón y medio de pesos que cuesta una casa promedio.

En total, educar a un hijo cuesta más del doble del ingreso promedio de la familia, lo que significa que los trabajadores de clase media pasarán cuando menos dos años trabajando para cubrir los gastos de cada hijo.

Hablando regionalmente, en el caso de Reino Unido, existe una aparente división en los costos entre el norte y el sur. Los papás de Londres (3 millones 200 mil pesos), el sureste (3 millones 100 mil pesos) y el este (2 millones 950 mil pesos) son los que más gastan en la educación de sus hijos, mientras que los padres que gastan menos son los que viven en Yorkshire & Humberside (2 millones 500 mil pesos), seguidos del noreste (2 millones 600 mil pesos) y el oeste de la región central de Inglaterra (2 millones 650 mil pesos).

En Gran Bretaña, los padres invierten mucho más en la educación de sus retoños que el resto de los países europeos, más del 30 por ciento que los papás en Francia.

Quizá el mantenimiento de los bebés sea alto, pero es relativamente más fácil costear los mil pesos que se gastan a la semana durante su primer año de vida. Sin embargo, el costo promedio de un niño de 16 años es de 1 500 pesos a la semana más 400 pesos para comida, 250 pesos para entretenimiento y actividades extra escolares, 200 pesos para su mesada y 150 pesos para ropa.

Si asisten a una escuela privada, el costo promedio por alumno es de cerca de 160 mil pesos por año escolar.

Uno de los gastos más elevados relacionados con los niños, después de la escuela privada, son las vacaciones, que cuestan alrededor de 14 mil pesos.

Pero los adorables pequeños valen cada centavo, ¿verdad?... ¿*Verdad*?

Guía que ayudará a papá a navegar en internet

Hoy en día, hasta los más pasados de moda nos hemos visto obligados a aceptar que las computadoras son parte de la vida cotidiana. Casi todos usamos el correo electrónico a diario en el trabajo y cuando el sistema se cae, nos paralizamos, maldecimos o agitamos los brazos en el aire. Al poco rato, un niño, que no luce mayor que el que mandaste a la escuela en la mañana, aparece en tu oficina para arreglarlo.

Tienes que aceptar que las habilidades que tus hijos tienen para manejar la computadora muy pronto superarán las tuyas pero, no importa qué edad tengas, el hecho de que seas –o de que pronto serás– papá no significa que no debas seguir actualizándote.

Las computadoras domésticas se volvieron famosas en 1980 porque los precios de máquinas como la Spectrum ZX-81 y la Commodore 64 se desplomaron, lo que las hizo más accesibles para la familia promedio.

En nuestros días, tus hijos tienen acceso a las computadoras en la escuela, y cada vez son más los hogares donde hay una, pues ahora puedes comprar una computadora con internet por 7 mil pesos en una de las muchas tiendas de computación. Pero no sólo los jóvenes se vuelven adictos a la red, también los pensionados se han unido a la revolución y se les conoce como ¡surfistas de plata!

Nacimiento de la internet

La internet comenzó en los años 60 como red de comunicación del Departamento de Defensa de Estados Unidos, pero investigadores y profesores universitarios empezaron a usarla para comunicarse con sus colegas. El mejor momento de la internet llegó a principios de la década de los 90 con la aparición de la "World Wide Web" (red mundial), la cual facilitó la búsqueda de información en línea. Nadie, ningún país, organización o compañía, está a cargo de internet.

Esto significa que los padres deben encargarse de verificar el contenido de las páginas que visitan sus hijos. La mayoría de las computadoras se programa con controles para padres, así que instálalos antes de permitir que tu hijo se conecte a la red. Si no sabes programar la computadora, pide ayuda. Puedes pagarle a un profesional para que lo haga, pero si preguntas, es muy probable que encuentres un amigo o colega que te ayude con gusto. Pero no les pidas a tus hijos que programen el control para padres porque sabrán apagarlo.

Estos son algunos consejos básicos para que navegues con seguridad en la red:

1. Lo mejor es que la computadora esté en una habitación común para que tu hijo adolescente no se encierre horas en su recámara sin supervisión.

2. Platica con tus hijos sobre la seguridad en internet. Hay gente sin escrúpulos que utiliza la red como herramienta para satisfacer sus sórdidas obsesiones. Diles a tus hijos que PUEDEN decirte si se encuentran con algo que los preocupe.

3. Ayuda a tus hijos a dar de alta su cuenta de correo electrónico y los filtros para "spam".

4. Limita la cantidad de tiempo que pasen en línea sin supervisión.

5. Existen varias instituciones que trabajan en conjunto para proteger a los niños cuando navegan en internet. Así que no tengas miedo e investiga cómo puedes proteger a tu hijo en línea y al mismo tiempo permitir que conserve su independencia.

Navegar juntos por internet es divertido si van a hacer la tarea o están buscando destinos para sus próximas vacaciones, y si todavía no aprendes a jugar en línea o con videojuegos, es hora de que lo intentes. Te volverás tan adicto como tus hijos, ¡así que también prepárate para limitar el tiempo que pases frente a la computadora!

¿Falta mucho?

CANCIONES PARA VIAJES LARGOS EN AUTO

No hay nada peor que iniciar un viaje largo en auto con los niños en el asiento trasero quejándose de que están aburridos. Eso sí, la diversión empezará cuando los adultos, que van en la parte de adelante, empiecen a discutir sobre dónde debieron dar la vuelta y de quién es la culpa de que ahora estén completamente perdidos... ¡cuidado con el niño que aprenda a imitar tu vocecita! Sin embargo, mantener a los pequeños entretenidos en un viaje largo podría ser más divertido que conectar un DVD portátil enfrente de ellos.

¿Por qué no hacer del viaje en auto una experiencia divertida? Pon la música que te gusta para que tus hijos la conozcan y se adapten a ella, de lo contrario corres el riesgo de pasar dos horas escuchando a Eminem o a Britney Spears o, si tienes mucha suerte, a ambos.

Si tú música no les agrada ni poquito, prueba con audio libros. Invierte en un CD portátil o un reproductor de MP3 para que todos escuchen la música que les gusta sin pelearse porque ya no saben a quién corresponde el turno de escuchar su canción favorita a todo volumen.

Si nada de esto funciona, puedes optar por las canciones tradicionales. Traga saliva, respira hondo y prepárate para el agotador viaje cantando lo siguiente (una y otra vez):

Un elefante

Un elefante se columpiaba
sobre la tela de una araña,
como veía que resistía
fue a llamar
otro elefante.

Dos elefantes se columpiaban
sobre la tela de una araña,
como veían que resistía
fueron a llamar
otro elefante.

Tres elefantes se columpiaban
sobre la tela de una araña,
como veían que resistía
fueron a llamar
otro elefante...

Cuatro elefantes se columpiaban
sobre la tela de una araña,
como veían que resistía
fueron a llamar
otro elefante...

Cinco elefantes se columpiaban
sobre la tela de una araña,
como veían que resistía
fueron a llamar
otro elefante...

Mambrú

Mambrú se fue a la guerra,
mire usted, mire usted, que pena.
Mambrú se fue a la guerra,
no sé cuándo vendrá.
Do-re-mi,
do-re-fa.
No sé cuándo vendrá.

Si vendrá por la Pascua,
mire usted, mire usted, qué gracia.
Si vendrá por la Pascua
o por la Trinidad.
Do-re-mi,
do-re-fa.
O por la Trinidad.

La Trinidad se pasa,
mire usted, mire usted, qué guasa.
La Trinidad se pasa.
Mambrú no viene ya,
Do-re-mi,
do-re-fa.
Mambrú no viene ya.

Por allí viene un paje,
¡qué dolor, qué dolor, qué traje!
por allí viene un paje,
¿qué noticias traerá?
Do-re-mi, do-re-fa,
¿qué noticias traerá?

Las noticias que traigo,
¡del dolor, del dolor me caigo!
las noticias que traigo
son tristes de contar,
Do-re-mi, do-re-fa,
son tristes de contar.

Que Mambrú ya se ha muerto,
¡qué dolor, qué dolor, qué entuerto!,

que Mambrú ya se ha muerto,
lo llevan a enterrar.
Do-re-mi, do-re-fa,
lo llevan a enterrar.

En caja de terciopelo,
¡qué dolor, qué dolor, qué duelo!,
en caja de terciopelo,
y tapa de cristal.
Do-re-mi, do-re-fa,
y tapa de cristal.

Y detrás de la tumba,
¡qué dolor, qué dolor, qué turba!,
y detrás de la tumba,
tres pajaritos van.
Do-re-mi, do-re-fa,
tres pajaritos van.

Cantando el pío-pío,
¡qué dolor, qué dolor, qué trío!,
cantando el pío-pío,
cantando el pío-pá.
Do-re-mi, do-re-fa,
cantando el pío-pá

Otras opciones son:
Canciones de películas:
La novicia rebelde
La cenicienta
Mary Poppins

Las canciones que deben actuarse siempre causan mucha gracia, así que no cantes con ellos si tú vas manejando porque provocan que los pasajeros que van en los vehículos de adelante intenten adivinar qué pasa, por qué levantas los brazos frenéticamente mientras mueves la cabeza y tratas de azotar los pies.

Ahora sí, es hora de irse. Ya estás en el auto, enciendes el motor, todos se ponen el cinturón de seguridad y juntos empiezan: "Un elefante se columpiaba…"

Cómo hacer una cometa

No habrá manera de evitar tararear la canción "Vamos a volar una cometa" de la película *Mary Poppins*, así que ni lo intentes, ¡solo déjate llevar por la música! Si nunca has visto *Mary Poppins* con tus hijos, entonces cómprala y descubre cómo un padre desesperado impresiona a sus hijos cuando remienda una vieja cometa.

Tú no tienes que arreglar una cometa, puedes hacer una nueva siguiendo estas sencillas indicaciones, y tal vez impresiones a los niños con tus amplios conocimientos sobre cometas y cómo hacer una.

Historias para impresionar a los niños

Las primeras cometas que se conocieron provienen de las islas del Mar del Sur, donde los nativos las usaban para pescar, atando la carnada y una red a la cola de la cometa para atrapar a los peces. Aun en nuestros días, siguen utilizándose como auxiliares en la pesca en las islas Salomón, en el océano Pacífico. En las islas Polinesias, a las cometas se les relacionaba con los dioses. La cometa representaba al dios Tane, y Rehua, el dios maori, es representado como un ave. Se cree que Rehuna es el antepasado de todas las cometas.

China es ampliamente reconocida como el lugar donde nacieron las cometas. Hay una historia que dice que, en el año 202 a.C., el general Huan Theng recibió la inspiración para hacer una cometa cuando el viento le voló el sombrero de la cabeza. En las noches, el general iba a los campos enemigos a volar cometas hechas con trozos delgados de bambú que zumbaban y vibraban con el viento. De esta manera, el ejército opositor huía creyendo que espíritus malignos los atacaban para destruirlos. Chinos y japoneses aprendieron a usar cometas gigantescas para elevar a los soldados para que pudieran espiar la ubicación de sus enemigos. En imágenes antiguas se ve a guerreros volando sobre territorio enemigo.

Términos técnicos

Una cometa sencilla se hace con los siguientes elementos básicos:

1. Varilla longitudinal: es la vara vertical sobre la que construyes la cometa.

2. Varilla transversal: es la vara de soporte y se coloca atravesada o inclinada sobre la espina.

3. Estructura o armazón: es la unión de la varilla longitudinal y la transversal, este marco le da forma a la cometa y sirve como soporte para la vela.

4. Vela: es el papel, plástico o tela que cubre el marco.

5. Brida: es una o varias cuerdas amarradas a la varilla longitudinal o transversal que ayudan a controlar la cometa en el aire.

6. Cuerda: es la cuerda que sale de la brida y que sostienes para volar la cometa.

7. Cola: es una tira larga de papel, plástico o listón que ayuda a balancear la cometa durante el vuelo. No todas las cometas necesitan cola.

Para hacer una cometa en forma de diamante necesitas:

- Cordón, cáñamo o mecate delgado.
- Cinta adhesiva o pegamento.
- 1 hoja de papel resistente (102 cm × 102 cm).
- 2 palos de madera, rectos y resistentes, pueden ser de bambú y deben medir 90 cm y 100 cm.
- Marcadores, pinturas o crayones para decorar la cometa.
- Tijeras.

1. Forma una cruz con los dos palos, el palo más corto (varilla transversal) se coloca atravesando el palo más grande (varilla longitudinal) de forma horizontal. Los dos lados de la varilla transversal deben tener el mismo ancho.

2. Amarra los dos palos con el cordón, y fíjate que queden en ángulos rectos. Ponles un poco de pegamento para que no se muevan de su lugar.

3. Haz un corte en los extremos de las varillas longitudinal y transversal con la profundidad suficiente para que sostengan el tipo de cuerda que uses. Corta un pedazo de cordón del tamaño suficiente para que abarque el marco de la cometa. Haz un pequeño lazo con la cuerda y pásalo a través de la abertura superior, luego amarra el cordón alrededor de la varilla longitudinal por debajo de la abertura. Si enredas un par de veces la cuerda en la varilla longitudinal quedará muy bien asegurada.

4. Estira la cuerda hacia abajo a través de la abertura de uno de los extremos de la varilla transversal. Luego, estírala hacia abajo hacia el extremo inferior de la varilla longitudinal y asegúrala tal como lo hiciste en la parte superior, pasando otro pequeño lazo por entre la ranura inferior.

5. Ahora, estira la cuerda hacia arriba a través de la abertura del otro extremo de la varilla transversal y de nuevo por la parte superior de la varilla longitudinal donde la amarrarás bien, envuélvela otra vez alrededor de la varilla longitudinal, y corta la cuerda

que sobra. Este armazón hecho
con la cuerda debe estar
tenso, pero no tanto
como para que doble
los palos.

6. Extiende el
   material
   para la vela
   sobre una
   superficie pla-
   na y encima colo-
   ca el marco de palos
   boca abajo. Corta alrededor dejando un margen de
   2-3 cm aproximadamente. Dobla estas orillas sobre el marco de
   cuerda y pégalas, de manera que el
   material quede tenso.

7. Corta un trozo de cuerda de 120 cm de largo aproximadamente,
   y amarra un extremo al lazo que está en la parte superior de la
   varilla longitudinal y el otro a la parte inferior. Haz otro pequeño lazo con la
   cuerda justo sobre la intersección
   de los dos palos. Ésta será la brida de la cometa y a ella se amarra la cuerda para volarlo.

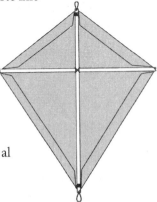

8. Haz la cola amarrando un pedazo
   pequeño de listón cada 10 cm a lo
   largo de toda la cuerda. Ata la cola al
   lazo inferior de la cometa.

9. ¡Decórala!

Consejos importantes

- ¡No recortes cerca de ti! Es peligroso y no tienes un buen control de las tijeras o de la navaja.

- El pegamento en aerosol es excelente para reparar las cometas de papel.

- La estabilidad se mejora si amarras un lazo o moño como si fuera parte de la cola flexible.

- Cuando termines de hacerla, sostén la cometa por la cuerda para que veas si está balanceada. Puedes equilibrarla pegándole más papel en el lado más ligero.

- Siempre que haces una cometa te queda diferente a la anterior, así que quizá necesites hacer ajustes menores en cada una.

Seguridad

- Nunca vueles cometas cerca de campos de aviación, sobre cables de alta tensión, carreteras ni vías de tren.

- No vueles cometas si hay tormenta eléctrica.

- Evita volarlas sobre la cabeza de personas o de animales.

- El límite legal para volar cometas es de 60m.

- Usa guantes protectores, sobre todo si la cometa es muy grande y hay fuertes vientos.

- No acerques tu cometa a otras cometas.

- Utiliza un buen par de lentes oscuros en días soleados, ya que estarás viendo hacia arriba constantemente.

En el jardín con papá

Si te gusta la jardinería, lo último que necesitas es un "pequeño ayudante" brincando en las camas de flores y arrancando las plantitas en lugar de la hierba. Sin embargo, no puedes impedir que los niños te acompañen cuando estás en el jardín. Por otro lado, si para ti la jardinería es una tarea de grandes proporciones, la presencia de los niños impedirá que trabajes aprisa. En cualquiera de los dos casos, lo que necesitas es pedirles que se dediquen a buscar insectos o bichos para que se alejen un poco de ti y te dejen trabajar.

A los niños les fascinan todas esas cosas que tú preferirías no ver en tu jardín, y adoran las arañas, moscas, catarinas, cochinillas, babosas, caracoles, hormigas y mosquitos. Cazar bichos es una buena actividad para mantenerlos entretenidos un rato mientras te dedicas al jardín. Si todavía no eres experto en bichos desagradables, investiga un poco sobre el tema porque los niños siempre hacen preguntas al respecto.

Caja de bichos

Haz o compra una caja de bichos, que, por lo general, es un cubo de plástico con una lupa en la tapa. Cualquier cosa que se meta a la caja se amplifica cuando se mira a través de la tapadera. Es muy fácil llevar cajas pequeñas en el bolsillo, y así puedes ver insectos, rocas o plantas.

Empiecen buscando en su jardín, pues algunas criaturas viven detrás de arbustos o entre las flores y el pasto, mientras que otras se ocultan debajo de rocas y madrigueras, o nadan en estanques. Puedes consultar en internet o en la biblioteca qué tipo de insectos puedes encontrar según la estación del año. Hecho esto, organiza algunas tareas para ti y para tus hijos:

- Identifica los insectos más comunes en tu casa.
- Investiga las características del insecto.

- Describe el proceso de metamorfosis que sufre una oruga para convertirse en mariposa.

- Conoce los diferentes roles de las abejas, como la abeja reina, los zánganos, etcétera, en el proceso de elaboración de la miel.

- Identifica las partes de la anatomía de una hormiga y los roles que cada una juega en la colonia.

La fertilidad de la tierra

Son pocas las cosas que un niño disfruta más que excavar en la tierra y hacer pasteles de lodo, y una de ellas es plantar semillas, verlas crecer y cultivarlas. Además, con ello aprenden que las papas y las zanahorias vienen de la tierra, no del supermercado.

Alienta su entusiasmo plantando semillas que maduren rápidamente y adquieran un buen tamaño para que tus hijos puedan manejarlas con facilidad. Las semillas de girasol producen resultados espectaculares.

Las verduras son una buena opción para los niños pequeños, pues germinan rápido y pueden comérselas cuando maduran. Es muy posible que tus hijos se sientan motivados a comer los vegetales que ellos mismos cultivan aunque no les gusten.

Para añadir interés y color al jardín de las verduras, incorpora flores como caléndula o chícharos de olor. Las flores que siembres no deben ser tóxicas.

Si no tienes jardín, utiliza macetas o recipientes de plástico y colócalos junto a una ventana. Las hierbas son una excelente opción para plantar dentro de casa porque crecen rápido y se comen. Prueba también con una bolsita de semillas de berro sobre un trapo de cocina húmedo, éstas producirán una rápida cosecha de berros listos para preparar un sándwich.

Si tu hijo empieza a mostrar dotes de jardinero, regálale de cumpleaños o de Navidad herramientas de jardinería infantiles, como un rastrillo, una pala y un trinche, incluso hasta su propia carretilla.

Durante los meses de invierno, mantén ocupados a los niños plantando macetas con bulbos de flores que florecen en primavera, y que además son ideales como regalos navideños para la familia o los profesores. Planta azafrán, narcisos o jacintos, ya que los bulbos florecen hermosos en la primavera y es una actividad sencilla y económica.

A todos los niños les gusta el día de brujas y les encanta colocar una calabaza iluminada en la puerta de la casa. Para cultivar tus propias calabazas necesitas mucho espacio, por eso lo más recomendable es que visites granjas donde las cultiven y las compres allí. Los niños quedarán impresionados con las muchas variedades que existen, los diferentes tamaños y cómo se cultivan.

En los meses de verano coleccionen pétalos de flores y hojas para disecarlas, lo cual se hace colocándolas entre dos hojas de papel absorbente y metiéndolas dentro de un libro pesado, o con una prensa pequeña para flores. Tu hijo pasará horas de diversión haciendo regalos como tarjetas, separadores de libros o dibujos para la familia y amigos.

Juegos de jardín

Hay muchos juegos divertidos que pueden jugarse en el jardín y no requieren de mucho espacio. Anima a tus hijos a jugar boliche, lanzar la pelota, practicar golf o ensartar aros en botellas, y así pasarán horas de diversión familiar en una tarde de verano. Puedes comprar los juegos o hacerlos tú mismo.

Amigos emplumados

Otra forma de sacarle provecho a tu jardín es alentando a las aves para que hagan sus nidos y se alimenten. Si no tienes un libro sobre aves en el librero, visita la biblioteca para informarte sobre el tema.

Empieza por identificar las aves, y utiliza un par de binoculares para verlas más de cerca. Haz una lista de las diferentes especies que visitan tu jardín y en un periodo de diez minutos, por ejemplo, cuenta el número de aves que aparecen.

Mantén bien alimentados a los pájaros que visitan tu jardín con este sencillo comedero para aves. Lo que tienes que hacer es:

1. **Modifica un envase de yogurt**

    Con cuidado, haz un pequeño orificio en la parte de abajo. Pasa un cordón a través de él y anúdalo por dentro. Deja suficiente cordón para que puedas amarrar el envase a un árbol.

2. **Prepara un poco de manteca de cerdo**

    Deja calentar a temperatura ambiente un poco de manteca de cerdo, sin que se derrita. Una vez que esté caliente, córtala en trozos y ponla en un tazón.

3. **Añade los sabrosos bocadillos**

    Agrega semillas para aves, pasas y queso rallado a la manteca de cerdo y revuelve. Continúa añadiendo la mezcla seca hasta que la grasa envuelva todo.

4. **Enfría los "pastelitos"**

    Llena el envase de yogurt con la mezcla de "pastel" para pájaros y mételo al refrigerador durante una hora, o hasta que cuaje.

5. **Añade el toque final**

    Con cuidado, corta casi todos los lados del envase de yogurt sin tocar el "pastel" duro que hay dentro. Deja la base y parte de los lados. Cuelga el pastel para aves al árbol.

Los diez mejores videojuegos

Éstos son los mejores videojuegos del momento. Cómpralos o réntalos y ¡conviértete en el héroe de tus hijos para siempre!

1. *Super Mario Galaxy* (Wii y Nintendo)

2. *Halo 3* (Xbox 360)

3. *Assassin's Creed* (Xbox 360, PS3 y PC)

4. *Legend of Zelda* (Nintendo DS)

5. *God of War 2* (PlayStation 2)

6. *Rock Band* (Xbox 360)

7. *Bioshock* (PC)

8. *Mass Effect* (Xbox 360)

9. *Uncharted: el tesoro de Drake* (PlayStation 3)

10. *Call of Duty 4* (PC, PlayStation 2 y Xbox 360)

Mascotas familiares

Que tus hijos se emocionen cuando ven un cachorrito en el parque, no significa que tienes que salir corriendo a comprarles uno, no importa cuánto te supliquen. Las mascotas pueden enseñarles a los niños a ser responsables, cariñosos y compartidos, pero hay muchas preguntas que debes hacerte, y a ellos, antes de que agrandes la familia con una mascota.

¿Están dispuestos a aceptar las nuevas responsabilidades?

Antes de que le preguntes a tu hijo si está listo, TÚ hazte esa misma pregunta. Toda la responsabilidad de aceptar una mascota está en tus manos, pues lo más seguro es que les cambie la vida. Algunas mascotas son más latosas que un bebé recién nacido porque te despiertan en la noche y rompen cosas de la casa.

¿Cuándo es el momento adecuado?

La mascota de tu vecino acaba de dar a luz a los cachorros más hermosos, pero eso no significa que tengas que quedarte con uno. Considera detenidamente la decisión. No es el momento adecuado para tener una mascota si tu hijo es menor de dos años, si planean cambiarse de casa, ni si las vacaciones están a la vuelta de la esquina. Piénsalo por lo menos durante un mes.

¿Tu hijo está listo?

A partir de los tres años, los niños pueden ayudar en el cuidado de una mascota, pero siempre bajo tu supervisión.

- Son cuidadosos cuando juegan con la mascota.
- Pueden darle recompensas.
- Pueden llenar los platos de la comida y el agua.
- Cepillan y arreglan a los perros y gatos.
- La quieren, la cuidad y la respetan.

Aunque los niños pequeños pueden participar en el cuidado de las mascotas, todavía no están listos para hacerse cargo de ellas. Eso sucede hasta que son adolescentes. Los adultos necesitan supervisar el trabajo para comprobar que el niño esté haciendo lo correcto para cuidar bien al animal, y los animales no tienen por qué vivir descuidados sólo porque el niño está empezando a aprender lo que es la responsabilidad.

Algunas cosas que tu hijo debe aprender sobre los animales

- Nunca tocar su comida.
- Lavarse las manos después de tocarlo.
- Dejar que un adulto limpie los desechos del animal.
- No molestarlo ni provocarlo.
- Poner atención a las reacciones del animal cuando no le gusta lo que estás haciendo. Ayuda a tu hijo para que aprenda a "escuchar" al animal.

Tener mascotas es un método divertido y educacional para comenzar a enseñarles a los niños qué es la responsabilidad. La clave para tener éxito en esto es escoger la mascota adecuada según las habilidades, la edad y los intereses del niño, así como lo que tú estás dispuesto a tolerar en casa.

Espera hasta que tu hijo exprese interés por tener una mascota. Si llevas a casa algún animalito antes de que él lo pida, corres el riesgo de que no le llame la atención y lo único que habrás conseguido será una nueva mascota que cuidar.

Platica sobre el animal en cuestión con tu hijo. Si no estás dispuesto a tener ciertos animales cerca, sugiere otras opciones.

Investiguen juntos las diferentes posibilidades. En la biblioteca hay cientos de libros sobre el cuidado de los animales, o visita la sección de mascotas en la librería.

Lean información sobre la mascota que elijan *antes* de comprarla. Pueden existir aspectos de su cuidado y alimentación que no sepan y que hagan la diferencia porque quizá no es la apropiada para ustedes.

Si es posible, compra cosas como cama, jaula, caja de arena y juguetes un par de días antes de adquirir a la mascota.

Advertencias

Tu hijo puede perder interés en el animal elegido, no importa lo entusiasmado que esté al principio. Si eso sucede y no estás dispuesto a cuidar de la mascota, entonces no la lleves a la casa. Ahora, si las circunstancias conspiran para que te sea imposible conservar al animal, haz los arreglos necesarios con anticipación en un refugio o con un amigo para que lo adopten.

Considera los honorarios del veterinario y el costo de la pensión durante las vacaciones. Será mejor que lo investigues antes de adquirir al animalito.

Si vas a comprarle una mascota a tu hijo para enseñarle lo que es la responsabilidad, empieza por ser responsable tú. Buscar un nuevo hogar para el animal o llevarlo a un refugio cuando los niños pierden interés, sólo les enseña que pueden abandonar sus responsabilidades cuando se aburren. Si ningún miembro de la familia está dispuesto a hacerse cargo de él, mejor compra una planta o una mascota virtual para tu hijo.

Mascotas de escaso mantenimiento

Sacar a pasear al perro a altas horas la noche cuando hace muchísimo frío y está lloviendo, no es nada divertido. Tampoco lo es despertarte pensando que está dándote un infarto porque sientes una extraña opresión en el pecho y tienes la sensación de que no puedes respirar, sólo para descubrir que el gato está sentado encima de ti.

Si tu retoño quiere una mascota, pero estás seguro de que la emoción pasará pronto, o a ti no te agradan los animales, aquí te damos algunas sugerencias de mascotas que necesitan un mantenimiento mínimo.

Piedras mascota

En 1975, al empresario estadounidense Gary Dahl se le ocurrió esta fabulosa idea, que durante un tiempo fue la gran novedad. Era una mascota que no requería cuidados y le daba a su dueño unos cuantos momentos de alegría. Sin embargo, se perdía fácilmente si las dejabas en el jardín sin devolverle el afecto que te prodigaba. Claro que eran igual de eficientes que un perro guardián para proteger tu casa porque podías aventársela al ladrón.

Insecto palo

No hacen gran cosa, pero los insectos palo son fascinantes mascotas de bajo mantenimiento. Existen más de tres mil especies y todas se alimentan exclusivamente de vegetación. La mayoría de los insectos palo en cautiverio come hojas del árbol de zarzamora. Es relativamente fácil cuidarlos, pero hay que tener mucho cuidado con ellos. La jaula deberá tener el tamaño, la temperatura y humedad adecuadas (lo más parecido a su hábitat). Los insectos necesitan adherirse a la vegetación para alimentarse y vivir.

Gusanos

Ni siquiera necesitas tener jardín, ya que encontrarás casas para gusanos en las tiendas de mascotas. Son pequeñas y puedes ponerlas en un rincón de la casa, es fácil cuidarlas, y cuando sus inquilinos llegan sólo hay que alimentarlos con los desechos orgánicos de la cocina.

Pez dorado

Los peces son una de las mascotas más sencillas de conservar. Requieren muy pocos cuidados, aunque sí necesitan una pecera adecuada que les proporcione suficiente oxígeno (las tradicionales peceras redondas no se los dan). Comen cada tercer día alimento especial y el agua se les cambia una vez a la semana. Para que su hogar esté fresco y limpio, mete algunas plantas a la pecera y coloca un filtro.

Renacuajo

Para éste necesitas un jardín, y comprueba que no lo saques de algún área protegida, ya que la población de ranas en estado silvestre está disminuyendo. Busca un renacuajo, ponlo en el estanque de tu jardín y con el tiempo se convertirá en rana. Las ranas son excelentes amigas de los jardineros, ya que se alimentan de todo tipo de insectos y plagas indeseables, y como son criaturas silvestres, no requieren mayor cuidado. Sólo asegúrate de que tenga piedras para que las use como refugio y algunas plantas que la cubran.

Tortugas

Aunque están desapareciendo rápidamente de sus países de origen, aún puedes conseguir tortugas para convertirlas en mascotas de muy bajo mantenimiento; eso sí, necesitas un jardín que sea seguro y tenga suficiente espacio porque les gusta pasear. Todos los días dales agua fresca y comida como lechuga, jitomate, hojas, frutas y verduras. Durante el otoño, métela en una caja de madera con suficiente paja y colócala en la cochera para que estén bien protegidas del frío. Las tortugas hibernarán hasta la primavera, pues son reptiles de sangre fría y no sobreviven al frío extremo.

Serpientes

No todo el mundo las considera mascotas agradables, pero es relativamente sencillo cuidar una serpiente porque lo único que necesita es un lugar seguro y cálido para vivir, como en una pecera. El único problema es que debe comer alimentos vivos, como insectos (grillos) o ratones, y duerme poco después de hacerlo.

Hámsters

Los hámsters son roedores parecidos a los ratones y los cuyos, y son una de las mascotas más lindas. No requieren demasiados cuidados, pero sí necesitan vivir en una jaula con mucho espacio para que quepan algunos juegos que los mantengan activos, y que les des agua y comida todos los días. Cómprales nueces y semillas en la tienda de mascotas. Limpia la jaula dos veces por semana. Si los cargas con frecuencia, se vuelven mascotas dóciles y amigables.

Conejos

A diferencia de los roedores, no es aconsejable tener conejos en un departamento o casa en condominio. El espacio ideal es una conejera y un gran jardín para que corran y tengan una buena calidad de vida. Es fácil cuidarlos y son una de las mascotas pequeñas más populares, pero si tu estilo de vida es ajetreado no te los recomendamos porque son muy demandantes. Necesitan agua limpia y alimento a diario, igual que una limpieza constante, ¡trabajo que le corresponde al pobre de papá!

Aves pequeñas

Los canarios o los periquitos son excelentes mascotas, pero requieren cuidados. Necesitan una jaula grande o espacio para volar dentro de una habitación cuando menos una vez al día. Sus picos y sus garras deben conservarse cortos y, como todas las criaturas, hay que alimentarlos, darles agua y limpiarlos todos los días. En especial, los periquitos son mascotas fabulosas y bastante gratificantes. Son buenos imitadores, amistosos y, si los cuidas adecuadamente, muy longevos. Idealmente, a las aves pequeñas les va mejor en un aviario, pero son expertas en el arte del escapismo y luchan por su libertad. Por desgracia, la mayoría no está acostumbrada a la vida silvestre y no sobreviven mucho tiempo.

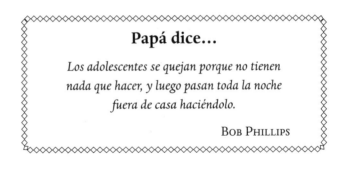

Papá dice...

*Los adolescentes se quejan porque no tienen
nada que hacer, y luego pasan toda la noche
fuera de casa haciéndolo.*

BOB PHILLIPS

La guía de papá para acampar

No importa si eres amante de la naturaleza o no, acampar es un buen pretexto para pasar tiempo con tus hijos. No tiene que ser costoso, sales de la casa y te vas al campo un par de días. Vamos… ¡anímate! A todos les hará muy bien.

Si quieres vivir una verdadera experiencia padre-hijo, pueden acomodarse en una casa de campaña pequeña y llevar consigo todo el equipo necesario. Esta actividad es adecuada si tus hijos son mayores, pero no esperes que tu pequeño de dos años cargue una mochila de 20 kilos a lo largo de una caminata de cinco kilómetros hasta el campamento. Para los padres que de verdad disfrutan la naturaleza, existen campamentos donde pueden aplicar todos los conocimientos que aprendieron cuando eran niños exploradores. En estos sitios te permiten caminar por el bosque, poner la tienda de campaña en un claro y cocinar tu comida en una fogata; lo mejor de todo es cuando espantas a tus hijos con historias de fantasmas y después quieres que se duerman. Saber que existen instalaciones con todo lo necesario cerca del campamento, les da tranquilidad a tus hijos y a ti.

Si va la familia entera o te gusta tener un poco más de espacio, debes llevar una casa de campaña más grande. A menos que tengas una camioneta muy amplia, también puedes considerar la opción de

invertir en un remolque o en una canastilla para el techo del auto, para transportar todo lo necesario para mantener contenta a tu familia. Entre dichos artículos puede estar un pequeño refrigerador o una hielera (para conservar fría la leche, y la cerveza), una televisión (para que los niños se diviertan en un día lluvioso, y también para que estés al corriente de los resultados del futbol), así como juegos y libros para entretener a los niños. No te preocupes, casi todos los lugares para acampar tienen la instalación eléctrica necesaria.

Si quieres algo un poco más lujoso, entonces piensa en un tráiler. Sí, quizá si tu auto es compacto vas a tener que cambiarlo, pero si ya cuentas con un coche familiar de buen tamaño, éste podrá remolcarlo perfectamente. Los remolques son más o menos económicos pero, como todo en la vida, entre más pagues, mejores instalaciones obtienes. Los tráileres modernos tienen lugar suficiente para dar cabida de dos a seis personas, cuentan con agua fría y caliente y baño completo. Son perfectos para unas vacaciones familiares en las que no piensas gastar tanto dinero, y son mucho más prácticos cuando el clima conspira en tu contra.

Si no te agrada la idea de traer arrastrando una caja de aluminio en la parte trasera de tu auto, la mejor opción es una casa rodante. Cuenta con los mismos lujos que un remolque, aunque es mucho más cara, y debes empacar todo muy bien antes de ir a pasar el día en la playa.

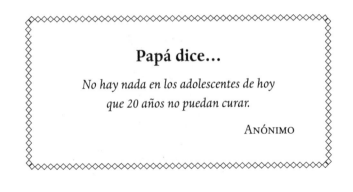

Papá dice…

*No hay nada en los adolescentes de hoy
que 20 años no puedan curar.*

ANÓNIMO

Riesgos y peligros de los teléfonos celulares

Los teléfonos celulares ahora son parte de nuestras vidas, igual que la televisión y la computadora. No importa cuánto te quejes de que tu jefe, esposa, madre y el gerente del banco pueden localizarte donde te encuentres, los teléfonos celulares se han vuelto indispensables. Entonces, no es ninguna sorpresa que casi todos los niños ansíen tener el suyo. Regalarles su primer teléfono móvil se ha convertido en algo así como un ritual de crecimiento, y la edad promedio en la que se incorporan a la fraternidad celular ha bajado hasta los ocho años. Sin embargo, antes de que le des un celular a tu pequeño, primero debes resolver algunos temas.

Las áreas de mercadotecnia de las empresas de telefonía celular llenan los buzones de correo con publicidad no solicitada. Dile a tu hijo que no use su celular para bajar música, fotografías o juegos, pues las compañías toman de allí los números para sus campañas. Además, cobran tarifas muy elevadas por dichos servicios.

Los teléfonos celulares pueden convertirse en el "chaleco salvavidas" de los niños y hacer que dependan demasiado de ellos. Alienta a tu hijo para que piense por sí mismo y que no te llame con cualquier excusa.

Los teléfonos celulares se convierten en una distracción cuando se usan en momentos y lugares no apropiados. Pídeles que lo apaguen cuando estén en la escuela, la iglesia, la biblioteca o lugares si-

milares. El teléfono también puede ser una distracción peligrosa si el niño está cruzando la calle o simplemente va caminando porque no presta atención a lo que sucede a su alrededor. Pavimento en mantenimiento, personas sospechosas o pandilleros que tu hijo habría visto si no estuviera inmerso en una conversación telefónica, son un verdadero peligro. Enseña a tus hijos a que siempre estén atentos a todo lo que los rodea.

Asimismo, pueden ser hostigados o intimidados por otros niños a través de mensajes de texto. Ten cuidado con esto y si sospechas que algo así está sucediendo, investiga con tu hijo o su profesora.

Los niños son vulnerables y pueden convertirse en el blanco perfecto para que otros les roben el teléfono o su tarjeta de memoria. Haz énfasis en lo importante que es la seguridad. No tienen por qué andar presumiendo su teléfono, y no les compres uno excesivamente costoso (podrían empezar con alguno de tus teléfonos viejos).

Otras personas pueden aprovechar el crédito del teléfono si se lo roban o el niño lo pierde. Dale a tu hijo un teléfono con crédito recargable a través de tarjetas de prepago.

En un abrir y cerrar de ojos, los niños adquieren malos hábitos para escribir gracias a los mensajes de texto. Revisa sus tareas escolares para comprobar que no estén utilizando abreviaciones inapropiadas como "grs" en vez de "gracias".

Muchos creen que los niños que usan demasiado el teléfono celular reciben radiaciones. Mejor vigila que no se excedan en el uso del teléfono y fomenta más los mensajes de texto porque así no se acercan el aparato a la cabeza.

Consejos

- En cuanto compres el teléfono, programa los números de mamá y papá.

- Platiquen sobre los peligros potenciales que corre el niño si utiliza el teléfono cuando está en la vía pública, va a cruzar una calle, etcétera.

- Compra un teléfono de prepago y fija un presupuesto (por ejemplo, 200 pesos al mes).

- Si es posible, protege el teléfono con un código de seguridad (que tú conozcas).

- Convéncelos de que no utilicen el teléfono como juguete ni videojuego.

- Hablen de los horarios y los lugares convenientes para recurrir a los mensajes de texto.

- Si lo tienes por contrato, revisa los números a los que marcó durante el periodo de facturación para que siempre sepas qué uso está dando al teléfono.

- Da de alta un número ECE (en caso de emergencia) para que la persona que tenga acceso al teléfono sepa a quien llamar en caso de emergencia.

Diez juegos de mesa clásicos

Los videojuegos son buenos, pero nada se compara con los clásicos juegos de mesa con los que algunos de nosotros crecimos y utilizamos para interactuar con la familia. En esas largas y frías noches de invierno, los húmedos fines de semana, apagábamos la televisión y corríamos al armario para sacar alguno de nuestros favoritos, como los diez que se mencionan a continuación. Son una manera excelente para pasar el rato y, a diferencia de los videojuegos, éstos sirven para que tus hijos hablen contigo. Fantástico... mientras el juego no se convierta en una batalla campal porque alguien metió las manos en el banco del turista.

1. Palillos chinos
2. Ajedrez
3. Dominó
4. Dilo con mímica
5. Monopolio

6. Damas chinas
7. Parchís
8. Maratón
9. Uno
10. Turista mundial

Cómo hacer un muñeco de nieve

Si piensas en la nieve como eso que te impide sacar el auto de la cochera, que te hace llegar tarde al trabajo, que no te deja jugar golf o que hasta te quita las ganas de salir de tu casa, entonces necesitas un transplante de actitud. Los padres deben pensar como niños. La nieve impide que vayas a ese odioso viaje al campo, que el autobús te lleve a la escuela, hace que la cierren... y ¡que te den ganas de salir de casa!

Vamos, admítelo, la nieve te hace sentir como si fueras niño otra vez. Cuando la nieve acaba de caer y está blanca y brillante, te dan muchas ganas de salir corriendo y dejar muchísimas huellas, rodarte, hacer impresiones de tu cuerpo o figuras de ángeles, y organizar una pelea con bolas de nieve. Aunque la mayoría de las veces, cuando hay suficiente nieve en el suelo, el que no siente la más mínima necesidad de hacer un muñeco de nieve es porque ya no tiene alma de niño. La perdiste, amigo.

Pero no pierdas la esperaza, redescubre al niño que llevas dentro acompañando a tus hijos al jardín o al parque para sostener esa guerra de nieve y hacer un muñeco. Claro que los niños esperan que funjas como el blanco para sus bolas de nieve y que seas un experto haciendo muñecos. Espera un momento, ¿alguna vez has construido un muñeco de nieve? En algunos lugares casi nunca nieva y quizá te convertiste en adulto sin haber tenido la oportunidad de practicar ese fino arte. Si es tu caso, aquí te damos algunos consejos.

El muñeco de nieve más sencillo es el que lleva básicamente dos bolas gigantes, una grande para el cuerpo y una más pequeña para la cabeza.

Para empezar el cuerpo, junta un par de puñados de nieve, justo como lo haces para formar una pelota que vas lanzar. Luego, rueda esta pelota por el suelo para que recoja más nieve y crezca a medida que la haces rodar. Si el frío es extremo y la nieve es ligera y esponjosa, te costará más trabajo que si la nieve estuviera ligeramente húmeda. Ésta se adhiere mejor y más rápido al cuerpo del muñeco. Pero si está demasiado húmeda se derretirá y, por desgracia, de nada te servirá.

Rueda la pelota de nieve en diferentes direcciones y en diferentes ángulos para redondearla. Si la giras en una sola dirección, la pelota de nieve crece como un cilindro y no como una bola. Entre más la ruedes, más grande será la pelota, y una vez que tenga un tamaño razonable, los niños se divertirán ayudándote a empujarla.

Cuando el cuerpo adquiera el tamaño que desees, deja de rodarla. Ahora le toca el turno a la cabeza. Repite exactamente el mismo procedimiento de la cabeza, pero la pelota debe ser más pequeña. Tienes que poder levantarla para ponerla sobre el cuerpo, una bola demasiado grande pesa mucho y no querrás lastimarte al levantarla. Siempre puedes agrandar la cabeza un poco cubriéndola con nieve una vez que la hayas puesto sobre el cuerpo.

Ya que tienes la figura base para el muñeco de nieve, lo que resta es caracterizarla. Hazle los brazos con ramas, si encuentras algunas bajo la nieve, o "escúlpelos" añadiendo nieve al cuerpo como si fuera plastilina. Si haces los brazos pegados al cuerpo o levantados, depende en gran medida de qué tan frío esté el clima y la calidad de la nieve.

Tradicionalmente, se usan dos pedazos de carbón para los ojos, una zanahoria para la nariz y una línea de piedritas para la boca. "Frosty, el muñeco de nieve" también tenía una pipa hecha con una mazorca, pero lo más seguro es que no tengas una de éstas en casa.

Básicamente, puedes poner al muñeco de nieve todo lo que tengas a la mano para caracterizarlo como mejor te plazca. El toque final es ponerle un viejo sombrero y una bufanda.

¡Ya puedes regresar a la guerra de pelotas de nieve!

Cómo enseñar a tu hijo a manejar

El mejor consejo de todos es que contrates un instructor de manejo, así conservarás la relación con tu hijo en buenos términos. Pero si no hay opción y tú tienes que enseñarlo a manejar, los siguientes consejos te serán de utilidad.

Por alguna extraña razón, enseñarle a alguien a manejar (a menos que seas un profesional calificado) por lo general es sinónimo de peleas y recriminaciones. Aprende a tener paciencia, así podrás mantener la paz y demostrarle a tu hijo que sabes que está creciendo y convirtiéndose en un ser responsable, pero sobre todo evitará que ingreses al hospital con un ataque al corazón o una arteria rota.

Si decides enseñar tú solo a manejar a tu retoño, respira hondo varias veces y recuerda que eres el adulto. Está bien que vociferes durante un par de minutos (aun cuando tu actitud sea un poco infantil) porque las cosas se calmarán un poco. Si tu hijo es el que se enfurece, no te cambies al asiento del conductor, déjalo varado. Quédate sentado, ten calma y paciencia, y espera a que se tranquilice.

Busca un lugar grande y seguro antes de permitir que tu hijo adolescente se siente atrás del volante. Una pista de aviación abandonada o un estacionamiento grande son perfectos, pero es más fácil que elijas una calle tranquila en la que casi no haya tráfico. En domingo, las zonas industriales tienen muy poco tráfico, ¡salvo el que ocasionan otros molestos aprendices! Enseñarle a un joven de 17 años a coordinar la mano, la vista y el pie no es sencillo, pero es esencial si quieren aprobar el examen de manejo y no correr riesgos en la calle. Se concentrará mejor para practicar estas habilidades básicas si no tiene que preocuparse por el tráfico.

Explícale cuáles son y cómo funcionan los controles con palabras sencillas y claras. Deja que encienda el motor, pero no olvides explicarle que primero tiene que esperar a que las luces de aviso se apaguen si el motor se alimenta con diesel, y deja que se adapte al auto. Un conductor primerizo siente que hasta el auto más compacto es un autobús, así que guíalo despacio para que meta la primera velocidad y no se ponga nervioso cuando saque el pie del *clutch*, el auto se sacuda y tu cabeza se estrelle en el parabrisas. Lo mejor es que no te quites el cinturón de seguridad ni un instante y de paso le enseñes a tu alumno a utilizarlo también.

No demuestres miedo

Inténtelo otra vez. Entenderá y se acostumbrará poco a poco, y antes de que te des cuenta irá en primera a 15 kph y necesitará meter segunda. No permitas que se apodere de ti la preocupación de que tu *clutch* jamás volverá a ser el mismo. Lo más importante es que no dejes que el conductor vea que la sangre ya no te circula en las manos porque vas aferrado a la puerta con todas tus fuerzas.

Los elogios son la clave. Festeja las cosas que haga bien y no alces la voz cuando se equivoque. Después de algunas (dolorosas) sesiones, descubrirá la cuarta y la quinta velocidad, y si es capaz de frenar y detenerse sin latigazos, es hora de que practique en la calle.

Enséñale a tu adolescente las cosas básicas de un auto y no sólo cómo arrancar, avanzar y detenerse. Muéstrale cómo ponerle aceite, dile cómo sacar la varilla e indícale que el aceite no entra por el pequeño orificio por donde ésta salió. También es buena idea que le enseñes dónde poner el líquido con el que se limpia el parabrisas y que no se avienta en las rejillas de ventilación, si no que tiene su propio contenedor debajo del cofre. Muéstrale cómo se quita y se pone el tapón de la gasolina y qué se hace en la gasolinera, ¡y entre esas cosas dile que tiene que pagar!

Consigue ayuda

Después de algunos viajes en el auto, tu hijo adolescente empezará a sentirse cómodo manejando y entonces es el momento de que te pases al asiento trasero, ¡pero no literalmente! A menos que seas el mejor instructor, tu hijo ahora necesita de un profesional para que lo ayude con el examen de manejo. Quizá tus conocimientos sobre las reglas de tránsito sean muy anticuados y, aunque le des a tu hijo la información básica que le brinde cierta seguridad, las clases con un profesional harán que consiga la tan ansiada licencia de manejo.

Prepárate para dejar que el novato maneje cuando vayan a visitar a la familia o en otras ocasiones en las que se supone el joven debe conducir, ya que entre más experiencia adquiera, mejor.

Luego, cuando tu hijo adolescente pase la prueba de manejo, tú y tu esposa podrán pedir que los recojan y así contar con un chofer que los lleve a casa después de una agradable velada. Claro que el inconveniente es que te "pedirá prestado" el auto con mucha frecuencia y el tanque nunca tendrá la cantidad de gasolina que creías.

Cartas sobre la mesa

Si acostumbras convertir tu sala en la versión hogareña de un casino de Las Vegas para que todos tus amigos vayan a jugar, entonces sabes lo divertido y sociable que es jugar a las cartas.

Es probable que a tu mujer no le caiga en gracia que les enseñes juegos de azar a tus hijos, así que lo mejor (y más barato) es que empieces con damas chinas o serpientes y escaleras. Sin embargo, si te permiten los juegos de azar, intenta con póquer o Black Jack (Veintiuno). Es fácil aprenderlos y te divertirás muchísimo por el simple hecho de que no deberías estar jugando con pequeños de siete u ocho años que te vencen, cosa que también les encantará a los niños. Pero si van a apostar, háganlo con cacahuates. Los cacahuates o dulces pueden compartirse al final del juego. ¡No consideres la sesión de cartas como la oportunidad de recuperar parte de la mesada que les diste!

Juegos avanzados

Algunos de los juegos más complicados, como la canasta, no son muy apropiados para los niños pequeños, pero una vez que dominan uno o dos tipos diferentes de juegos de cartas, los niños más grandes aprenden rápidamente los que son un poco más difíciles.

En una visita a la biblioteca tendrás la oportunidad de conseguir uno o varios libros donde encuentres las reglas de todos estos juegos, y una o dos horas a la semana de juegos de azar no les harán daño a tus hijos. De hecho, en un nivel básico, los ayudará a comprender los números y a contar, así que no permitas que nadie te diga que estás llevando a tus pequeños por el camino de la perdición cuando saques las barajas.

Cómo elegir un instrumento musical

Quizá has sido desafinado toda tu vida y tienes el mismo talento musical que tu zapato izquierdo, pero no dejes que esto impida que guíes a tus hijos para que se interesen en la música. Aprender a tocar un instrumento musical es un proceso lento y, para los que son obligados, también tortuoso, pero eso le dará todo tipo de beneficios a tu hijo. Aunque escribir música es un gran proceso creativo, también requiere una lógica metódica que tiene una estrecha relación con las matemáticas. Aprender a leer música para tocar un instrumento es un maravilloso entrenamiento mental para tu hijo. Recuerda esto cuando estés sentado con las orejas tapadas mientras tu hijo practica con el violín o la flauta en casa.

La flauta es la primera elección, aunque los niños la consideran un poco afeminada. Pero no lo es. Constituye la base que los ayudará a aprender instrumentos más difíciles y les permitirá leer música. Por allí hay algunas personas muy inteligentes que nunca aprenden a leer música, aquellos que simplemente se sientan y tocan. Pero son muy pocas y, a menos que tu padre sea David Bowie, es muy poco probable que tu hijo nazca con ese talento natural.

Por desgracia, la flauta es un instrumento chirriante cuando cae en las manos equivocadas, y la mayoría de los niños es incapaz de comprender el concepto soplar con suavidad. Esto no produce nota alguna, sólo aullidos. Los niños pequeños tampoco saben mover los dedos simultáneamente, lo que es un poco como ver esos juegos infantiles en los que saltan cosas y cada vez que se cierra un hoyo, otro se abre. Sé optimista y espera a que se aburran de este instrumento y elijan uno más suave.

El piano también es un favorito, aunque se trata de un instrumento costoso, igual que su mantenimiento. Si tienes mucha suerte, alguien anunciará uno gratis en el periódico y luego podrás mandarlo afinar. Sin embargo, una buena opción es un teclado electrónico que cuesta 7 mil pesos, y la ventaja es que vienen con audífonos, lo que significa que no tendrás que oír durante horas las desafinadas escalas musicales.

Una vez que tu hijo domine la flauta (si no la tiras primero por la ventana), quizá muestre interés en un clarinete. Te escuchamos gritar de la alegría, pero no pienses que todo es maravilloso. Se trata de un instrumento difícil de aprender, no tanto como el oboe, pero igual le tomará tiempo, esfuerzo y paciencia (de tu parte).

La flauta es un instrumento de viento ligeramente más fácil de dominar, pero en cuanto tu hijo aprenda a colocar los dedos en forma vertical, tendrá que cambiar el patrón y sostener el instrumento horizontalmente.

Los instrumentos de cuerdas producen sonidos hermosos. Los violines son angelicales y las violas suaves; el violonchelo resuena con claridad y el contrabajo es simplemente moderno. El problema es que se necesita mucho tiempo para estudiar y aprender a hacerlos sonar de manera bella, lo cual resultará estresante para tus oídos. Los niños que aprenden a tocar el violín nunca dejan de practicar para coordinar bien. Para hacer sonar el violín hay que balancear un arco de madera con pelo de caballo (no es broma) sobre cuatro cuerdas muy juntas entre sí, las cuales están hechas de acero muy fino (cuando menos ya no usan tripas de gato). Esta acción es bastante difícil, y para complicar aún más el trabajo, deben usar los dedos de la mano izquierda para marcar las notas en la cejilla. Es toda una hazaña porque nada les indica dónde colocar los dedos, sólo la práctica hace al maestro. Aquí es cuando tus

114 EL LIBRO DE LOS PAPÁS

oídos empezarán a sufrir de verdad. Entre mejor lo hacen, más motivados se sienten para jugar con los dedos y producir una nota. A esto se le llama vibrato, pero sin duda se te ocurrirán muchos otros nombres.

Es igual de difícil dominar los metales. Tu hijo tendrá que aprender a controlar su respiración, aquí es cuando demuestra si aprendió a soplar la flauta con suavidad, y no puede soplar demasiado suave porque no producirá una sola nota. Las trompetas y las cornetas son muy populares, los trombones son más difíciles, igual que el cuerno francés.

Las percusiones son divertidas, pero necesitas una casa grande y de preferencia con una habitación con las paredes recubiertas de corcho. Si están aprendiendo a tocar la batería, definitivamente tendrás que ponerte tapones en los oídos.

Quizá la guitarra, clásica o eléctrica, es una buena opción para tu músico principiante. Son relativamente económicas y de fácil cuidado. Hay muchos maestros que cobran tarifas razonables y tal vez descubras que en tu casa vive el siguiente Eddie Van Halen, Eric Clapton, Jimi Hendrix o hasta Hank Marvin.

Si no soportas el estruendo, visita tu bar favorito y ahoga tus penas pensando en lo que pudo haber sido si no hubieras interrumpido tus clases de música cuando eras joven…

Las diez mejores amenazas

Puedes discutir las cosas con tus hijos, tratar de convencerlos para que hagan algo, intentar persuadirlos para que no hagan algo, tratar de razonar con ellos, darles órdenes y probar con todo tipo de argumentos para lograr que hagan lo que quieras. Sin embargo, pueden ser las criaturas más necias y desafiantes que existen sobre la faz de la tierra.

Cuando nada de esto funciona, atrévete a amenazarlos y no tengas miedo de cumplir con las amenazas. Éstas son las diez mejores.

1. "Si no _____, se lo diré a tu mamá cuando vuelva a casa."

2. "Si no _____, te vas a tu cuarto y no sales de allí."

3. "Si no _____, no jugarás PlayStation el resto de la semana."

4. "Si no _____, voy a regresar tu bicicleta a la tienda."

5. "Si no _____, tienes prohibido ir al futbol el resto del mes."

6. "Si no _____, te acostarás temprano."

7. "Si no _____, te castigaré una semana."

8. "Si no _____, le diré a tu tío David que no te mereces ir de pesca con él."

9. "Si no _____, no puedes comer dulces-chocolates."

10. "Si no _____, Santa Claus no te traerá regalos este año."

Cómo sobrevivir a unas vacaciones familiares

Lejos están los días en los que empacabas una maleta pequeña y pasabas dos semanas tirado en la playa sin preocupación alguna. Como jefe de una familia, tus días de descanso pueden convertirse en los más complicados. La única manera de lograr que todo salga lo mejor posible es hacer planes mientras empacas.

Para los niños, la emoción de prepararse para las vacaciones es equivalente al aburrimiento que sufren si deben esperar en el aeropuerto o en el interminable viaje en auto o tren para llegar a su destino. Por eso, cuando hagas las maletas, piensa que las vacaciones empiezan en el momento que sales de casa.

Prepárate

Dale a cada uno de tus hijos una cámara desechable. Tomarán muchas fotos de las paredes, del techo y del suelo, pero disfrutarán su independencia.

Guarda todo en el auto una noche antes, y esconde una o dos sorpresas para que los niños las busquen durante alguna de las paradas.

Salgan de casa a la hora de la siesta o en las primeras horas de la mañana. Entre más tiempo pasen dormidos en el auto, mejor para todos.

Lleva un álbum, lápiz adhesivo, plumas y tijeras, así pueden coleccionar boletos de entradas, folletos y postales de los sitios donde pasaron sus vacaciones.

No olvides llevar un botiquín de primeros auxilios, puedes comprarlo en cualquier farmacia y, por supuesto, carga con medicamentos para el dolor, la tos o el resfriado, especiales para niños, así como repelente de insectos y bloqueador solar. Si van a viajar al extranjero, investiga qué vacunas deben ponerse.

Pide a tus hijos que empaquen una mochila con algunos juguetes, juegos y libros para el viaje. Olvídense de llevar juegos que tengan piezas muy pequeñas, ya que seguramente se perderán entre los asientos del auto.

¡No hagan muchas cosas muy pronto! Tal vez te gustaría que tus hijos vivan la experiencia de conocer Egipto y hacer un viaje trasatlántico a Eurodisney, pero mejor llévalos cuando tengan la edad adecuada para que aprecien lo que ven y lo que hacen.

Por lo general, los niños se entretienen mucho con cosas sencillas. No hagan un viaje o una visita muy complicados, ni intenten hacer demasiadas cosas.

Carga con una lupa para que observen criaturas marinas, insectos, etcétera, sólo asegúrate de que tus hijos no sepan cómo iniciar un fuego con ella en el asiento del auto.

En el mercado encontrarás una gran variedad de audiolibros con historias populares para que se entretengan durante el camino, así como reproductores de DVD para que vean sus películas favoritas.

Invierte en juguetes para la alberca como pelotas, cocodrilos inflables y pistolas de agua, los cuales son económicos y les darán horas de diversión. Ni siquiera tienes que llevarlos de regreso a casa, ¡déjalos en el hotel para que los utilicen los siguientes huéspedes!

Si tus hijos aún no están en edad de ir a la escuela, aprovecha y viaja en temporada baja, cuando los precios son más económicos, pues éstos se duplican en época de vacaciones escolares.

Te advertimos que, después de un día agotador, los niños se quedarán dormidos en el trayecto de regreso y estarán completamente frescos cuando lleguen, con toneladas de energía para aguantar despiertos hasta las dos de la mañana.

Lleven suficientes bebidas y refrigerios para el camino, pero raciónalos porque de lo contrario tendrás que detenerte cada dos kilómetros para que vayan al baño y necesitarás bolsas para el vómito.

Si hay un "club infantil" en el hotel donde se hospedan, no te sientas culpable por dejarlos allí. Por lo general, a los niños les encanta estar rodeados de más niños y tú también estás de vacaciones, así que date la oportunidad de descansar un poco.

Vacaciones

Evita discutir cuando no se pongan de acuerdo sobre qué lugares de interés van a visitar permitiéndole a cada persona (padres e hijos) que revise las guías y escoja una atracción. A tus hijos no les encantará ver los jardines de una casa histórica (aunque tú disfrutarías mucho si una de ellas tuviera un laberinto), pero cuando menos saben que al día siguiente visitarán el parque acuático. Si elegir el sitio para pasar las vacaciones provoca pleitos constantes, organiza un viaje misterioso al destino que tú escojas. En el camino pueden adivinar a dónde se dirigen. Cuando lleguen, deja que los niños entren a la tienda de regalos antes de salir a conocer el lugar. Así no estarán molestando todo el día porque quieren ir a la tienda.

No te decidas por lugares que queden a más de una hora de camino. Si les toma siete horas llegar al hotel, no vale la pena hacer un viaje más largo escuchando quejas, soportando cambios de pañal, comprando bolsas para el vómito y oyendo eternas súplicas por un refrigerio.

Visita las atracciones a media semana para evitar los tumultos.

Cuando vayan a un restaurante, escoge lugares con ruido de fondo razonable para que no escuches el alboroto que hacen tus hijos.

¡Siempre lleva contigo un paquete grande de toallitas húmedas!

Dales a los adolescentes algo de libertad para que exploren o para que anden solos, te agradecerán el espacio, la oportunidad de ser independientes y tu confianza en su seriedad y comportamiento.

Siempre ten un plan B en caso de que haya mal clima o berrinches.

Conserva una hielera en la cajuela del auto y llénala todos los días con botellas de agua, manzanas y refrigerios.

Cuando lleves a tus hijos de vacaciones, recuerda que van a jugar en un ambiente que no conocen y puede haber ciertos peligros.

Los niños no siempre aprecian sitios y cosas de interés, así que evítate el dolor de cabeza de meterlos a un museo y que se suban a un auto antiguo de gran valor que nada significa para ellos.

Si tienes espacio, lleva juegos de mesa (aunque algunos establecimientos están bien equipados y tienen juguetes, juegos, videojuegos, etcétera) que resulten nostálgicos para los padres: Monopolio, damas chinas, parchís –tú sabes cuáles te gustan (consulta la página 88).

Lleva siempre en la cajuela una bolsa de emergencia con un juego completo de ropa y zapatos para cada niño.

Vacaciones de dos familias

Salir de vacaciones con otra familia tiene ventajas y desventajas. Puedes acabar con ganas de no volver a ver a esa familia nunca, pero si estás dispuesto a arriesgarte, aquí te damos algunos pros y contras para que lo pienses.

Tener una niñera a la mano es bastante útil. Así podrán salir un par de noches en pareja, pero haz lo mismo por tus amigos.

Tu hijo se mantendrá entretenido porque hay otro niño con quien puede jugar.

Si es posible, deja que los niños viajen todos juntos con una familia, pero cambien cada vez que hagan una parada.

Si hay más adultos, la responsabilidad es menor.

Una vez que los niños se hayan dormido, ¡pueden hacer una fiesta!

Si los hijos de tus amigos son muy mal portados, entonces los tuyos parecerán unos angelitos.

Las diferencias en la educación de los niños pueden causar cierta fricción. Los hijos de otras personas nunca se portan como esperas que lo hagan los tuyos.

No conoces a las personas hasta que vives con ellas. ¡Prepárate para descubrir que tus grandes amigos son un verdadero fastidio!

Los niños deciden que se odian.

Competirán para ver quién construye el mejor castillo de arena o quién cocina el desayuno perfecto.

Centros Vacacionales

En vez de llegar a un hotel tradicional, ¿por qué no elegir un centro vacacional donde todo lo que necesitan está en un mismo lugar?

Si el centro está bien equipado y es especial para familias, lo más seguro es que encontrarás lo que necesiten y así no tendrás que llevarte hasta el fregadero, ya está allí.

Esto les da a ti y a tus hijos la oportunidad de hacer cosas diferentes, como practicar con el arco, pescar o montar a caballo.

Estos centros son excelentes para vacaciones cortas porque todo está en el mismo lugar y puedes usar tu tiempo de manera eficiente.

Los precios incluyen todo, de manera que sabes exactamente cuánto vas a gastar.

Tus hijos de visita en el extranjero

En este caso aplican muchas de las cosas ya sugeridas, pero toma nota de estos consejos, que son un poco más específicos:

Una vez que hayan decidido el destino, enséñales a tus hijos en un mapa o en un globo terráqueo adonde van a ir.

La deshidratación puede contribuir al desfase de horarios, y las cabinas de los aviones son famosas por su aire seco. Asegúrate de que tu hijo tome suficientes líquidos durante el viaje.

Evita los vuelos que probablemente estén llenos, tales como los que hacen escala de conexión de por las noches y los vuelos muy temprano por la mañana a ciudades grandes.

Considera viajar en temporada baja para evitar multitudes y precios elevados.

Viste a tus hijos para que viajen cómodos, las capas de ropa son geniales, igual que los zapatos que se quitan y ponen con facilidad.

Antes de irse, consulta cómo está el clima y lleva la ropa apropiada.

Recuerda el seguro del viajero; en muchos casos se incluye en los paquetes vacacionales, sin embargo para los viajeros independientes con niños, es esencial.

Intenta aprender el idioma del país que van a visitar y enséñales frases sencillas a tus hijos.

En la playa

No importa lo calmada y tranquila que se vea la playa, puede haber peligros ocultos.

Consulta la información sobre la marea antes de meterte a nadar al mar y pídele su opinión al salvavidas. Pregunta qué significan las señales de advertencia y las banderas, apréndete su significado y supervísalos constantemente.

Enséñales qué deben hacer y a dónde ir si te pierden de vista.

En el hotel

Cuando lleguen al hotel, pregúntale al personal qué peligros existen, como estanques dentro del hotel o acantilados cerca.

Revisa si la alberca está cercada. Lee los avisos que hay alrededor de ella y obedécelos. Recuerda que los bebés menores de cuatro meses no deben meterse a la alberca porque todavía no tienen las vacunas necesarias.

Examina las escaleras que hay cerca de la habitación, ya que lo más probable es que no tengan protección.

Si tu habitación tiene balcón, verifica la altura y el grosor de los barrotes del barandal.

Cuidado con los muebles con bordes afilados que hay dentro de la habitación.

Asegúrate de saber dónde se localizan las salidas de emergencia.

En resumen

- Planea con anticipación.
- Ten confianza, pon las vacaciones en perspectiva y deja de complacer a todos.
- Establece una rutina, no importa que sean vacaciones, conserva la rutina de los niños.
- Sé moderado, no gastes demasiado en las vacaciones; haz un presupuesto y fija límites.
- Escoge y selecciona las actividades de las vacaciones.
- Relájate, las vacaciones son para que todos las disfruten, ¡también los papás!

Los diez mejores sobornos

"Si haces _____, te doy tu mesada antes".

"Si haces _____, no le diré a tu madre."

"Si haces _____, te compro el Wii."

"Si haces _____, te llevo el sábado al boliche."

"Si haces _____, te llevo a McDonald's."

"Si haces _____, te doy dulces-chocolates."

"Si haces _____, te compro *Piratas del Caribe 2*."

"Si haces _____, puedes acostarte tarde."

"Si haces _____, te doy permiso de ir a la fiesta-concierto."

'Si haces _____, puedes invitar a tus amigos el viernes y les compro pizzas."

Papá dice...

Finalmente, mis padres se dan cuenta de que estoy secuestrado y ponen manos a la obra de inmediato, alquilan mi habitación.

WOODY ALLEN

¿Ya llegamos?

Juegos para viajes largos en auto

Cuando llegues al punto en que ya no soportas los intentos desesperados de tus hijos por cantar un verso más de "Un elefante…" (el límite probablemente sea cuando lleguen a cien elefantes), intenta con algunos juegos.

Muchos de los juegos que pueden jugar en el auto quizá los hayas jugado cuando niño, pero ya se te olvidaron. Considera que dichos juegos también son buenas opciones cuando deban soportar una larga espera en el aeropuerto o en un restaurante, no son exclusivas de los viajes en auto.

Éstos son los mejores diez juegos para el auto.

1. **Veinte preguntas**

   El juego de las veinte preguntas es un verdadero clásico y pueden jugarlo niños de todas las edades. Tiene muchas variantes.

   Una persona piensa en el nombre de un animal, mineral o vegetal y les dice a los demás jugadores cuál es la categoría correcta. Los participantes toman turnos para hacer preguntas que se contestan con SI o NO. Por ejemplo, si la categoría es animal, un jugador puede preguntar: "¿vuela?" o "¿tiene cuatro patas?", y si después de hacer las veinte preguntas los jugadores no adivinan la respuesta, cada jugador tiene una última oportunidad para hacerlo. Después, otro jugador trata de confundir al grupo.

2. **Geografía**

   Este juego no es adecuado para niños pequeños, es más recomendable para mayores de ocho años. No sólo porque disfrutarán más el juego, si no porque conocen más lugares y pueden jugar bien. Aunque los detalles varían de sitio en sitio, se juega así.

   Alguien empieza diciendo un país, por ejemplo Japón, y la siguiente persona debe decir el nombre de otro país que empiece con la última letra del anterior. En este caso, Japón termina con n, así que siguiente país puede ser Nigeria. Como termina con la letra a, el jugador que sigue debe nombrar un país que empiece con esa letra. Y así sucesivamente hasta que alguien se atore, esa persona sale del juego y éste vuelve a empezar, y así seguirá hasta que quede un ganador.

3. ¿Cómo me llamo?

Es un juego sencillo, pero divertido, perfecto para niños de todas las edades. Piensa en un nombre. Luego dile al grupo si es nombre de niño o de niña, y menciona la primera letra. Los jugadores intentarán adivinar cuál es diciendo diferentes nombres. Eso es todo. ¡Sencillo, pero divertido!

4. Juego de memoria con el alfabeto

Este juego es adecuado para niños de todas las edades. Es un excelente método para reforzar el abecedario en los preescolares, pero también los niños de primaria se divierten mucho.

La primera persona comienza con la letra a y dice "A de _____", llenando el espacio en blanco con cualquier palabra que empiece con la letra a, como ABRAZO, ABUE-

LO o ANILLO. Escojamos ABRAZO. El segundo jugador tiene que hacer lo mismo con la letra b, pero ¡también tiene que recordar la palabra que empieza con a! Entonces, la segunda persona elige la palabra BURRO para la b, de manera que dice: "A de ABRAZO y B de BURRO."

Se continúa así con todo el alfabeto. Cuando lleguen a la z, al jugador que le toque turno tendrá que recitar todas y cada una de las letras con su palabra correspondiente. El juego es un poco largo y a los niños les encanta, sobre todo si se te ocurren palabras o frases graciosas como: D de DEDOS APESTOSOS.

5. Yo espío

El objetivo del juego es anunciar algo que espías (ves) y los demás tienen que adivinar la respuesta correcta.

Debe ser algo que ves continuamente, como el cielo, los lentes de papá, o el camión que va delante de ustedes y no algo que pasen rápido en la carretera.

Para empezar el juego, di en voz alta: "Yo espío con mi pequeño ojo algo que empieza con la letra m."

Los demás jugadores te hacen preguntas que respondes con si o no, una a la vez, como: "¿Se trata de mamá?" o "¿Es la mano de papá?"

El que adivine la respuesta correcta tiene la siguiente oportunidad de espiar.

Puedes simplificar el juego así: "Yo espío algo de color azul" cuando hay viajeros pequeños, quienes te preguntarán cosas como: "¿Es el cielo?" o "¿Es mi pantalón?"

6. Todo sobre ti

Este es un juego excelente para cuando el sol se mete y no se ve gran cosa por las ventanas del auto.

Hazles preguntas serias a los ocupantes del coche. Escuchen las respuestas y luego discútanlas.

¡Es un método estupendo para aprender más sobre las personas con las que viajas!

Éstas son algunas preguntas que puedes hacer al principio:

"Si pudieras comer con tres personas, vivas o muertas, ¿quiénes serían y por qué?"

"Si te ganaras $10 millones de pesos, ¿qué harías con ellos?"

7. **Adivina el número**

Deja que tu hijo piense un número dentro de cierto rango y luego intentas adivinarlo haciendo preguntas. Aquí te damos un ejemplo de cómo jugar:

Tu hijo: "Estoy pensando un número entre el 1 y el 100."

Tú: "¿Es más de 50?"

Tu hijo: "No."

Tú: "¿Es un número par?"

Tu hijo: "No."

Tú: "¿Puedes dividir el número en tres partes iguales?"

Y así sucesivamente.

Cuando adivines el número, deja que tu hijo adivine el que estás pensando usando la misma técnica.

Una de las ventajas del juego es que, al hacer todas esas preguntas sobre números, tu hijo aprenderá a comprender algunos conceptos, características y significados de los números. Si al principio se les complica, es un buen momento para explicarles y ayudarlos a entender.

8. **Auto rojo, auto amarillo, auto azul...**

Pídeles a los niños que escojan el color de un auto o el modelo que les guste. Establece un límite de tiempo de 10 o 15 minutos, durante los cuales tienen que contar el número de autos de ese color o modelo.

9. **¿Quién soy?**

Piensa en alguien famoso y dales una pista al resto de los jugadores. Por ejemplo, Elvis Presley, y la pista puede ser: cantante, o sus iniciales son EP. Los demás tomarán turnos para adivinar de quien se trata. Una vez que adivinen quién es el personaje famoso, el turno de elegir es del ganador.

10. ¿Cuál es mi trabajo?

Piensa en una profesión, por decir algo: dentista, basurero o conductor de tren, y dale a los jugadores diez oportunidades para adivinar tu trabajo; eso sí, cada quien deberá tomar un turno. Dales una pista del trabajo con una seña, ¡a menos que vayas manejando! El ganador tiene la oportunidad de escoger la siguiente profesión.

Diez cosas que a los padres les hubiera gustado saber

1. Ojalá hubiera sabido qué esperar. ¡Tal vez así habría tenido las respuestas correctas justo en el momento adecuado!

2. Ojalá hubiera sabido que tenía que escribir todas las cosas divertidas que dicen los niños.

3. Ojalá hubiera aprendido a equilibrar el arte de escuchar y el deseo de resolver. No les des a los niños la respuesta "correcta" antes de que terminen de decirte sus problemas.

4. Ojalá hubiera atesorado los momentos especiales de risas, de luchas y de bromas.

5. Ojalá hubiera sabido que se necesitan 35 minutos para limpiar la plastilina del suelo, casi 45 minutos para quitar las marcas de los crayones de la pared y una semana para eliminar las marcas que se hicieron con pintura.

6. Ojalá hubiera sabido qué hacer cuando se acabaron los pañales desechables en el parque en un hermoso día de verano.

7. Ojalá hubiera sabido que una sonrisa SIEMPRE ayuda.

8. Ojalá hubiera sabido cómo mantenerme despierto durante las sesiones de los lunes de los *Boy Scouts* y las mañanas de sábado en las prácticas de futbol.

9. Ojalá hubiera sabido que los niños escuchan las palabras, pero ponen más atención a las acciones.

10. Ojalá me hubiera dado cuenta de que la paternidad no es algo que se actúa, ensaya o imaginar, sino que debe vivirse cada momento de cada día.

Padres famosos

Siempre es bueno poder recordarles a tus hijos lo importante que son los padres, sobre todo cuando se acerca el día del padre. Lo más seguro es que seas muy exitoso o famoso, un respetado hombre de negocios o dueño de una industria, un deportista de renombre o una gran figura de las artes, pero para tus hijos solamente eres su papá.

Claro que para tu hijo eres el padre más importante sobre la faz de la tierra, pero si algún día él o ella dudan de lo vital que han sido los papás a través de la historia, aquí te damos algunos ejemplos para que los impresiones.

El padre de la computación
moderna: Alan Turing

Al momento de su muerte en 1954, el brillante científico Alan Turing había jugado ya un papel muy importante en el desarrollo de la computadora inteligente. Testarudo, excéntrico y propenso a la soledad, Turing se distinguió como un matemático sobresaliente del King's College de Cambridge, y después, en la universidad de Princeton, empezó a hacer pruebas que dieron origen a la computadora británica.

El padre de la ciencia
moderna: Albert Einstein

Albert Einstein, de origen alemán, tenía menos de 30 años cuando descubrió nuevos factores en la relación entre el agua y la energía. A la edad de 26 años perfeccionó su teoría de la relatividad y la luz. Tiempo después, escribió un libro llamado *El anuario de la Física*. Completó su famosa formula E=MC2 luego de sufrir un colapso físico y nervioso que lo mantuvo enfermo varias semanas. Publicó otro libro en el que establecía la teoría de los efectos potenciales de la separación del átomo. La información contenida en este libro hizo que la gente descubriera la bomba atómica, aunque la intención de Einstein nunca fue que su trabajo se usara con tales fines.

El padre de la libertad:
Nelson Mandela

Nelson Mandela creció en Sudáfrica dentro del sistema *apartheid* del gobierno, el cual discriminaba a los ciudadanos que no eran blancos. Como líder de un movimiento político clandestino llamado Congreso Nacional Africano (CNA), el señor Mandela participó en muchas manifestaciones dramáticas en contra del gobierno controlado por los blancos. Su carrera en el Congreso Nacional Africano terminó en 1964, cuando fue sentenciado a cadena perpetua. Incluso entonces, Mandela continuó siendo un ejemplo de esperanza para su gente, que siguió con la lucha durante su ausencia. En 1990, después de veintisiete años en prisión, Mandela salió de la cárcel. Su liberación marcó el principio del fin de la era del *apartheid*.

El padre de la biología moderna:
Carlos Darwin

Carlos Darwin no soñó con la idea de la evolución, simplemente fue el primero en dar una explicación sobre cómo funciona la evolución,

dejando en claro la opinión que él y otros biólogos tenían del mundo. Darwin desarrolló la teoría de la selección natural, idea según la cual el ambiente donde vive un organismo determina qué organismos sobreviven y se reproducen, y cuáles no. En 1859, Darwin publicó *El origen de las especies*, que se agotó el primer día que salió a la venta y se convirtió en fuente inmediata de gran controversia.

El padre de la comedia: Charlie Chaplin

Charlie Chaplin fue un actor inglés de comedia, considerado uno de los mejores mimos y payasos que jamás haya salido en cine. Chaplin

 empezó su carrera en la era del cine mudo y actuó, dirigió, escribió, produjo y hasta musicalizó sus propias películas. Su vida laboral en la industria del entretenimiento abarcó más de 70 años, desde el escenario del British Victorian y la sala de conciertos de Inglaterra siendo un niño, hasta su muerte a la edad de 88 años. Tuvo una de las vidas más extraordinarias y coloridas del siglo xx, vivió una infancia londinense impregnada de Dickens y llegó al pináculo de la fama mundial en la industria del cine.

El padre del rock'n'roll: Elvis Presley

Elvis Aron Presley fue un cantante y actor estadunidense recordado por muchos como el artista más importante del siglo xx. Fue el cantante más comercial y exitoso del rock'n'roll después de su debut en los escenarios en 1954, pero también cosechó éxitos con baladas, música country, gospel, blues, pop, folk y hasta ópera y jazz. Con una carrera musical de más de dos décadas, Presley rompió muchos récords de asistencia a conciertos, de *ratings* televisivos y de ventas de discos, convirtiéndose en uno de los artistas con más éxitos de ventas en la historia musical.

El padre de los libros infantiles: A. A. Milne

Alan Alexander (también conocido como A. A.) Milne fue un escritor y dramaturgo británico. Es famoso por sus libros de Pooh sobre un niño llamado Christopher Robin, basado en su hijo, y en diferentes personajes inspirados en los animales de peluche de su hijo, siendo el más notable el oso de nombre Winnie Pooh. Un oso negro canadiense llamado Winnie (por Winnipeg), que era la mascota militar de los Rifles Reales de Winnipeg, un regimiento de infantería canadiense de la Primera Guerra Mundial, fue enviado al zoológico de Londres después de la guerra y se cree que su nombre sirvió de inspiración a Milne. E. H. Shepard hizo las ilustraciones originales de los libros de Pooh, usando como modelo a Growler ("un magnífico oso"), el osito de peluche de su hijo. Los juguetes originales de Christopher Robin Milne pertenecen ahora a una colección en Nueva York.

El padre de los titiriteros: Jim Henson

James Maury Henson fue el titiritero más famoso de la historia de la televisión moderna en Estados Unidos, así como director de cine y productor de televisión. Fue el creador de los Muppets (el nombre es una mezcla entre *marionette* y *puppet* [marioneta y títere]) y la fuerza detrás de su larga carrera creativa. Henson llevó sus fascinantes personajes, sus ideas creativas y su sentido del humor a millones de personas. También se le reconoce por sus ideas sobre la fe, la amistad, la magia y el amor que transmitía a través de su trabajo. Los programas de televisión *Los Muppets* y *Plaza Sésamo* han emocionado a millones de niños, incluidos los suyos, quienes ahora continúan con su tradición.

El padre del fútbol: Pelé

"Yo nací para jugar soccer, así como Beethoven nació para escribir música". Éstas son las palabras de Edson Arantes do Nascimento, el genio brasileño conocido en el mundo del futbol como Pelé, quien inició su carrera siendo un adolescente a finales de los años 50. Veterano de cuatro Copas Mundiales, el anotador de 1 283 goles en primera clase (doce de ellos en finales de la Copa Mundial) y miembro de aquellos mágicos equipos brasileños que ganaron el premio más importante de futbol en 1958, 1962 y 1970, Pelé sigue siendo el indiscutible rey del soccer. Terminó su carrera en Estados Unidos, donde su presencia dio al juego el estímulo que tanto necesitaba.

El padre de los exploradores: Cristóbal Colón

Los viajes de Colón para descubrir las Américas dieron inicio a la colonización europea del Nuevo Mundo. La historia le confiere un significado importante a su primer viaje en 1492, sin embargo fue hasta 1498 cuando llegó al territorio de Norteamérica, en su tercer

viaje. Tampoco fue el primer explorador europeo que pisó América, ya que hay relatos que sugieren que trasatlánticos europeos llegaron antes de 1492. No obstante, el viaje de Colón se dio en un momento muy importante del crecimiento nacional imperialista y la competencia económica entre naciones en desarrollo que buscaban fortuna en el establecimiento de las rutas de comercio y las colonias. El aniversario de su llegada al Nuevo

Mundo (el día de la Raza) se celebra en toda América, España e Italia. Estados Unidos escogió el segundo lunes del mes de octubre para recordar la ocasión.

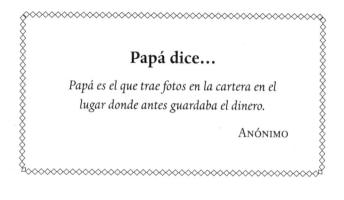

Papá dice...

Papá es el que trae fotos en la cartera en el lugar donde antes guardaba el dinero.

ANÓNIMO

Diez cosas que hay que saber de memoria

A veces, como papá, los maestros, los jefes de tropa de los Boy Scouts o los médicos te hacen preguntas que te dejan la boca tan seca como la de un pez sediento. Y si no conoces las respuestas, das la impresión de que no sabes prácticamente nada sobre tu propio hijo.

Éstas son algunas cosas que debes aprenderte de memoria sobre tu hijo, y otras sólo podrás conformarte con saber dónde buscar. Hazte un favor y empapa tu mente con extractos de la información que necesitas, y con ello me refiero a los datos que debes conocer por razones de seguridad y las respuestas a las preguntas que, si contestas mal, te harán quedar como un idiota.

1. El nombre completo de tu hijo –¿Eh…?

2. La fecha de nacimiento de tu hijo –Tendrás que escribir este dato más veces de las que te imaginas.

3. Las alergias de tu hijo –Obviamente no querrás darle cacahuates a un niño que es alérgico a ellos.

4. Su comida favorita en este momento.

5. Su juguete o cuento favorito para irse a dormir actualmente.

6. El nombre del médico de tu hijo y su dirección. En caso de emergencia es importante que des esa información en el hospital.

7. El peso actual del niño. Esto es de vital importancia cuando, a las tres de la mañana, tiene fiebre y necesitas saber la dosis correcta que debes administrarle.

8. La ropa que viste tu hijo el día de hoy. Esto es básico en el espantoso y remoto caso en que necesites describir a tu hijo a la policía porque se extravió.

9. Qué cosas le dan miedo a tu hijo.

10. Los nombres de los mejores amigos del niño.

Hijastros, cómo sobrevivir a ellos

Los hijos de otros pueden ser la peor pesadilla de un padre. Si se portan mal cuando tú estás a cargo, no te sientes cómodo llamándoles la atención, no sabes cómo disciplinarlos porque no quieres que salgan corriendo a contar historias sobre cómo amenazaste con estrangularlos… y ellos lo saben. Entonces, ¿cómo manejas la situación cuando descubres que la mujer que amas tiene hijos?

Algunos dicen que vivir en armonía con los hijos de tu pareja es el desafío más grande, y es más arriesgado que caminar en un campo minado con láminas amarradas a los pies. Es una selva emocional peligrosa, llena de riesgos, peleas, berrinches y malos entendidos, y eso nada más en lo que respecta a ti porque para los niños es aún peor. Si tienes sentido del humor, echa mano de él en todo momento. Si no, ve rápido a la tienda a comprar un poco.

Tú no eres el enemigo

Las claves para que una segunda familia, con todo y sus miembros adicionales, sea exitosa son: comunicación, respeto, comprensión y capacidad para escuchar. También tienes que enfrentarte a las emociones que los niños sienten, no sólo las obvias, sino los sentimientos de inseguridad, abandono y confusión. No es nada sencillo, sobre todo cuando se trata de niños que piensan que eres un impostor, o peor aún, su enemigo. Por supuesto que no lo eres, pero demostrarles lo contrario es difícil.

Lo más probable es que el problema sea doble, pues además de los niños con quienes vives ahora también están tus hijos. Es fundamental que todos los niños sientan que tu casa es su casa, no importa que vivan contigo medio tiempo o tiempo completo. No querrás que tus hijos se sientan como "invitados" cuando se queden contigo. El objetivo es proporcionarles un hogar feliz y estable donde todos reciban amor de manera equitativa y donde los "problemas" de los niños, si los hubiera, se escuchen y se acepten. Mientras tanto, quiébrate la cabeza buscando una solución viable para cualquier problema que pueda surgir y después compártela con tu pareja para que lo resuelvan.

No puedes hacerlo solo, tu pareja y tú tienen que estar juntos en esto. No sentirás que caminas en la cuerda floja sólo con los niños, lo más probable es que pase lo mismo con tu nueva relación. Dense tiempo para ustedes (sí, cómo no), para estar juntos. Entre más solidez demuestren como pareja, más pronto se empezará a unir la familia.

Comentarios crueles

Ignora los comentarios sarcásticos o hirientes de los niños, están probándote. Las ex parejas siempre tienen demasiado que opinar cuando encuentras una nueva pareja y familia. Por desgracia, les hacen los comentarios a tus hijos para que ellos te los pasen a ti con la intención de herirte (porque están celosos). Lo hacen para arruinar tu recién encontrada felicidad (sí, siguen celosos). No dejes que te afecten, ignóralos y, pase lo que pase, no critiques a tu ex enfrente de ninguno de los niños. Espera hasta que se acuesten o, si son mayores, hasta que vayan con sus amigos a escuchar música y entonces toma una caja de vino (una botella no será suficiente), llama a tu pareja, escupe tu rencor y emborráchate hasta que apenas puedas sostenerte en pie y tu pareja te lleve cariñosamente hasta la cama.

Sin embargo, uno de ustedes debe quedar sobrio para poder recoger a los niños, no querrás darle armas a la oposición. Afortunadamente, no todas las segundas familias reciben hostilidad por parte de las ex parejas, y si todos se comportan como adultos, los niños son los más beneficiados.

Hagan cosas juntos

Busca actividades que disfrute toda la familia. Si tienen un perro, paséenlo. Vayan al cine, al boliche, hagan lo que sea, pero juntos. Deja que todos los niños con los que compartes tu vida te ataquen con bolas de nieve o te mojen con pistolas de agua, ésa es la mejor manera de crear lazos afectivos. Llévalos al parque o al bosque y enséñalos a treparse a los árboles, pero no subas con ellos, quédate abajo, más vale prevenir que lamentar. Cuando sea tu turno, lánzate de un árbol. Pero ten cuidado, si eres un papá de cierta edad o eres propenso a los accidentes, mejor no lo hagas.

Al mismo tiempo, dedícale cierto tiempo a cada niño de manera individual. Demuéstrale a tus hijos y a los que acaban de entrar a tu vida que los aprecias por lo que son. Los niños de padres divorciados casi siempre sufren de baja autoestima. Enséñales que, a pesar de las dificultades de la vida y la confusión que les producen las relaciones nuevas, son especiales, que los quieres y que vas a cuidar de ellos. Con un poco de suerte, si logras un equilibrio sano en sus vidas, quizá un día escuches de boca de tus hijastros dos palabras que te derretirán el corazón: "Te quiero".

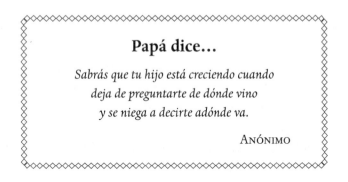

Papá dice…

Sabrás que tu hijo está creciendo cuando
deja de preguntarte de dónde vino
y se niega a decirte adónde va.

Anónimo

¿Qué hay en el ático?

En el ático sólo hay arañas, polvo y cosas que no sirven, ¿verdad? ¡Te equivocas! Bueno, quizá haya muchas arañas y polvo, pero te aseguro que las cosas que no sirven son un tesoro por descubrir. Subir al piso de arriba y arrastrarse por el suelo lleno de polvo en busca de piedras preciosas escondidas bien vale el esfuerzo, a menos que vivas en un edificio de departamentos, porque tu intromisión no les caerá en gracia a los vecinos de arriba. Pero no importa que no haya ático en tu casa, es muy probable que tus padres sí lo tengan y hurgar allí te traerá todo tipo de recuerdos de tu infancia, los cuales puedes compartir con tus hijos.

Aquí te presentamos los diez mejores descubrimientos que te harán recordar los buenos tiempos. Trae la escalera y a ver qué encuentras.

1. El tren eléctrico o la pista de autos que era tu juguete favorito, pero sólo podías jugar con él en ocasiones especiales porque a tu mamá no le gustaba que hubiera tiradero en la casa.

2. La bicicleta en la que aprendiste a pedalear y de la que te aferraste con todas tus fuerzas para no morir cuando tu padre te empujó por la pendiente para que "aprendieras a equilibrarte".

3. La caja con viejas fotografías que a tu mamá siempre le gustaba enseñar para avergonzarte, pero que ahora te llenan de nostalgia.

4. El trofeo que ganaste jugando futbol en la secundaria.

5. Los montones y montones de libros escolares que tu mamá todavía no tira… ¡aun cuando acabaste la escuela hace 20 años!

6. Tu uniforme de niño explorador.

7. Tus muñecos de acción, que te hubiera gustado cuidarlos mejor porque ahora valen una fortuna.

8. Tus videojuegos, que ahora te hacen sentir viejo porque eres testigo de lo lejos que ha llegado la tecnología.

9. La colección completa de los libros de *Los famosos cinco* y *Los siete secretos* que te encantaba leer cuando eras niño. Dáselos a tus hijos, a ellos también les encantarán.

10. Tus antiguos discos de acetato (sí, ¿te acuerdas del acetato?) ¿Cuántas personas tienen una tornamesa en esta era digital? ¡Si tú tienes una, pon tus discos y revive tu juventud!

Palabras de adolescentes

Puede ser todo un reto entender lo que dice tu hijo adolescente cuando tienes la oportunidad de hablar con él. Éstas son algunas palabras y frases que te ayudarán a comunicarte con él, pero recuerda que sólo son una referencia y no trates de "llevarte chido" con tus hijos, ¡nunca funcionará!

A patín – a pie.

A todo dar – buenísimo, estupendo.

Agarrado – avaro, tacaño.

Agarrar en curva – tomar a alguien desprevenido.

Agarrarse del chongo – pelearse.

Aguanta – espera.

Aguas – cuidado.

Ahí muere – expresión usada para finalizar algo.

Alivianar – mejorar, calmar.

Andar tras los huesos de alguien – cortejar.

Arrastrar la cobija – estar deprimido, triste.

Bañársela – exceder los límites de la moral y de las buenas costumbres.

Baquetón – flojo.

Bronca – pleito, problema.

Carita – guapo.

Carrilla – burla, molestia, presión.

Chafa – malo, de baja calidad.

Chance – tal vez, quizá, oportunidad.

Chido – lindo, bonito.

Choncho – grande, gordo.

Choro – gran charla, cuentos, sermón.

Dar lata – molestar, fastidiar.

Darle al clavo – acertar.

Del nabo – difícil.

De pelos – muy bien, muy bueno.

De perdida – de menos, por lo menos.

De volada – rápidamente.

Farol – presumido.

Fregado – estropeado.

Fregón – bueno, de buena calidad.

Gacho – feo.

Gandalla – aprovechado.

Hasta el gorro – harto, hasta el límite.

Híjole – expresión como de tristeza o arrepentimiento, cuando echas a perder algo.

Jetón – dormido.

Lanzado – pasarse de listo.

Mafufo – extraño, raro.

Neta – verdad.

Órale – vamos, hazlo, ándale. En algunos casos, denota impresión.

Persinado – asustadizo.

Pichicato – miserable, avaro.

Pinchurriento – escaso, insuficiente.

Piocha – excelente, magnífico.

Papar moscas – estar distraído.

Pasarse de lanza – exagerar, hacer el ridículo.

Poner un cuatro – tender una trampa.

Ponerse al brinco – protestar, reaccionar agresivamente.

Quemarse las pestañas – estudiar o leer mucho.

Reventado – persona que le gustan mucho las fiestas y las desveladas.

Rola – canción.

Los mejores diez artículos para papá

Si tus retoños no saben qué comprarte de regalo, por casualidad deja abierto este libro en esta página. Hazlo con mucha anticipación, antes de tu cumpleaños, de Navidad o del día del padre, ¡de lo contrario seguirán regalándote calcetines o pañuelos!

1. iPod nano.

2. iPhone.

3. Cámara digital.

4. Destapador de botellas de Homero Simpson que habla.

5. Última temporada de *Los Soprano*.

6. Termo para el café con cable para conectar en el auto.

7. Nintendo Wii.

8. Botella de whisky Johnny Walker Gold Label.

9. Sillón inflable.

10. Sistema de Navegación Satelital (GPS).

Papá dice...

Si tus padres no tuvieron hijos,
lo más probable es que tú tampoco.

DICK CAVETT

Los autos con los que sueña papá

¿Estás aburrido de manejar el mismo auto o camioneta? Entonces, relájate y tómate un momento para fantasear sobre el auto que *en verdad* quieres manejar A menos que seas multimillonario, las posibilidades de que tengas uno de estos autos son tan lejanas como la probabilidad de que recuperes el control remoto de la televisión. Una de las mejores características de estos autos es que no tienen espacio para los niños.

Ferrari Enzo

Sabes que nunca se convertirá en realidad y es por eso que encabeza la lista. Ferrari solamente hizo 349 autos de éstos y, aunque te ganes la lotería, ellos deciden quién es digno de comprar uno. El motor V12 de 6 litros produce 660 bhp (caballos de fuerza al freno), lo que te permite ir de 0 a 60 en 3.65 segundos. El Enzo de 8 millones 500 mil pesos alcanza una velocidad máxima de 350 kph e incluso tiene un botón que alza la nariz del auto para que no lastimes tu orgullo cuando caigas en un bache…

Mercedes SLR Maclaren

Si te quieres sentir James Bond, entonces éste es el auto indicado. Entras al SLR a través de puertas en forma de alas de escarabajo y lo enciendes girando la perilla de la palanca de velocidades, así queda al descubierto el botón de encendido. Tiene un motor supercargado V8 de 5.5 litros que produce 626 bhp (caballos de fuerza al freno), por lo que llegas de 0 a 60 en 3.6 segundos y puedes alcanzar una velocidad máxima de 335 kph. Su producción total es de 3 500 ejemplares y es ligeramente más accesible que el Enzo, aunque su precio de aproximadamente 6 millones 400 mil pesos –y el hecho de que es casi imposible que una persona que mida más de 1.80m de altura pueda manejarlo– te desanimará.

Lamborghini Murciélago

El nombre Lamborghini es sinónimo de autos soñados: casi todos los chicos sueñan con conducir uno. El Murciélago es el modelo más reciente de la línea de producción y, con un precio de 3 millones 360 mil pesos, es un poco más accesible. El motor V12 de 6.12 litros produce 575 bhp (caballos de fuerza al freno), va de 0 a 60 en 3 segundos y alcanza una velocidad máxima de 330 kph. Tiene un spoiler trasero que automáticamente alcanza un ángulo de 50 grados a una velocidad de 130 kph y de 70 grados a 220 kph, ¡y para entonces, la patrulla de la policía aparecerá como un pequeño punto en el espejo retrovisor!

Aston Martín Vantage

Dado a conocer en la Exposición de Autos en Ginebra en 2005, el Vantage fue catalogado como "el auto deportivo obligatorio". Es fácil entender por qué cuando ves sus impresionantes cifras: va de 0 a 60 en 4.8 segundos y alcanza una velocidad máxima de 280 kph. Ver la cara que ponen tus amigos cuando les dices que tu auto es un Aston Martin, no tiene precio. Cuesta "tan sólo" un millón 650 mil pesos, lo que lo hace bastante más accesible que la mayoría de los autos de su categoría. Su motor V8 de 32 válvulas ensamblado a mano, lo convierte en lo máximo en autos imponentes… y es tan pequeño, que cabe perfecto en tu cochera.

Porsche Carrera GT

Originalmente, se creó con la intención de que dominara la carrera de 24 horas de Le Mans, pero cambios en las reglas hicieron que el Carrera GT fuera descartado, acción con la que el público en general salió beneficiado. Porsche desarrolló un motor V10 de 7 litros que alcanza unos monstruosos 612 bhp (caballos de fuerza al freno) a una velocidad máxima de 335 kph. Su precio es de 6 millones 500 mil pesos, va de 0 a 60 en 3.9 segundos y en menos de diez segundos alcanza 200 kph. Con una altura de escasos 117cm, lucirás de maravilla al volante de uno de éstos, ¡aunque sufras para meterte en él!

Pagani Zonda F

Creado en honor al legendario conductor de F1 Juan Manuel Fangio, el Zonda F tiene un motor V12 de 7.3 litros que produce más de 600 bhp (caballos de fuerza al freno). Vuela a 95 kph en 3.8 segundos y alcanza más de 335 kph. Su diseño futurista de fibra de carbono hace que pese lo mismo que un auto mediano familiar de cinco puertas, pero hasta allí llega la comparación ya que su costo es de aproximadamente 7 millones 500 mil pesos.

TVR Tuscan S

Si quieres una experiencia de manejo inolvidable a un precio razonable, entonces intenta con el TVR Tuscan S. Aunque presume una dirección asistida eléctricamente y una suspensión más firme, no pierde el tiempo con los detalles exquisitos como control de tracción, frenos antibloqueo y bolsas de aire – característica que permite que el auto alcance una velocidad muy respetable de 280 kph. Además, va de 0 a 60 en 4.6 segundos, y el precio de un millón de pesos empieza a parecer más razonable.

Lotus Sport Exige 240R

Como Jeremy Clarkson, el presentador de *Top Gear*, señaló mientras hacía una prueba de manejo con el Ferrari Enzo, si Lotus le diera a uno de sus autos el nombre de su fundador, ¡este bien podría llamar-

se Colin! El nombre Lotus evoca imágenes de autos deportivos que te transportan de regreso a tu infancia. El Exige 240R tiene un fino motor de 1.8 litros que produce 243 bhp (caballos de fuerza al freno) y alcanza una velocidad máxima de 250 kph. Con un precio de 880 mil pesos y la capacidad de alcanzar 100 kph en impresionantes 3.9 segundos, todos los padres deben tener uno para cuando necesiten pasar tiempo solos...

Ford GT

Para aquellos que tienen un lado nostálgico, el estilo retro del Ford GT les irá a la perfección. Tiene un motor V8 supercargado que produce 550 bhp (caballos de fuerza al freno), y alcanza una velocidad máxima de 330 kph. Podrás dejar atrás a tus contrincantes con un impresionante arranque que va de 0 a 60 en 3.3 segundos. Su costo tampoco es *tan* prohibitivo, ya que es de aproximadamente un millón de pesos. El problema es que Ford solamente fabricará 4 200 piezas y la demanda es bastante alta.

Hummer H2

Si tienes que imaginarte en un auto en el cual quepa la familia completa, entonces éste es el indicado. Para aquellos padres que todavía les gusta seguir jugando a los soldaditos, el Hummer H2 de estilo militar es el auto para ellos. Aunque no es el vehículo perfecto para llevar a los niños a la escuela –es enorme y el combustible disminuye prácticamente a nada cuando pisas el acelerador– una pared de 40 cm no es ningún obstáculo para el H2. Su motor V8 de 6 litros alcanza una velocidad de 100 kph en 10 segundos, pero cuando llegas a una velocidad razonable es perfecto para viajar en la autopista.

Cómo enseñarle a tu hijo
a tirarse clavados

No hay nada más impresionante que aventarse un clavado con gracia y perfectamente ejecutado en la alberca del hotel, y no hay nada más vergonzoso que un doloroso "panzazo" que salpique a todo el mundo y que aparte provoque que se te rompa el traje de baño. Asegúrate de poder lograr la versión elegante antes de que empieces a enseñarle a tu hijo como tirarse un clavado.

También debes comprobar que la alberca sea adecuada para clavados. Si es poco profunda, lo más seguro es que salgas con la nariz rota y cubierto de sangre. En muchas albercas se prohíbe tirarse clavados por esta misma razón, ya que puedes sufrir serias heridas si te pegas en el fondo.

Entonces, suponiendo que la alberca o el mar, si vas a lanzarte de una roca, donde vas a aventarte el clavado tengan la profundidad suficiente, intenta enseñarle a tu pequeño como hacerlo. Una vez que saben nadar bien, a los niños les encanta saltar a las albercas o al mar, y esto se les da de manera natural. Sin embargo, les toma cierto tiempo dominar la técnica de los clavados. Entrar al agua con la cabeza primero no es tan sencillo como caer primero con el trasero. Los niños tienen que saber nadar bien antes de intentar esto, ya que nunca deberán tirarse clavados si usan cualquier tipo de flotador o traen visores o snórkel, y es recomendable que usen goggles para nadar.

Enséñale primero cómo se hace

Lo primero que debes hacer es demostrarle cómo se hace un clavado. Enséñale cómo tiene que pararse en la orilla de la alberca. Tus dedos tienen que curvarse sobre el borde y tu equilibrio recaerá en el empeine de los pies. Luego, dobla las rodillas, inclina la cintura hacia delante, coloca la cabeza hacia abajo y alza los brazos para que tus manos entren primero al agua.

Salta de la orilla y al hacerlo, estira las piernas. Después de entrar al agua, empuja la cabeza hacia atrás y arquea la espalda para

que así salgas a la superficie dándole la espalda a la orilla de la alberca.

El balanceo hacia delante

No esperes que tu hijo haga todo bien al primer intento, así que empieza sugiriéndole que se coloque en cuclillas para que él o ella puedan "balancearse" hacia delante y caigan al agua. Sin embargo, fíjate que tu estudiante se enderece en el agua, porque no querrás que haga un giro completo y se arriesgue a pegarse en la cabeza con el borde de la alberca. Tú tendrás que estar en el agua supervisando el entrenamiento para evitar que esto suceda. Antes de "balancearse", debe extender los brazos por arriba de la cabeza para que entren primero al agua.

Después de practicar en cuclillas varias veces, puedes avanzar y pedirle que se pare con la espalda ligeramente más recta, y siempre debes asegurarte de que tu alumno "entre en picada" al agua para que se aleje de la orilla.

Ahora tienen que practicar la flexión de las rodillas para que le dé un poco de impulso al clavado y obligue a que las piernas se levanten por detrás. Dile que intente arquearse como un arco iris en el aire y que se imagine que hay un cuadrado en la superficie del agua, al cual deberá apuntar para pegarle con las manos.

Con un poco de práctica, el niño que le gusta saltar al agua y nadar, pronto se convertirá en experto en el arte de los clavados y seguramente estará *diciéndote* qué es lo que haces mal.

Papá dice…

*Los niños saben cómo iluminar
la casa, nunca apagan las luces.*

RALPH BUS

Papás en la línea de banda

Cuando tu hijo o hija empiezan a participar en deportes de competencia, como tenis, futbol, rugby, hockey, basketball, atletismo o
cualquier otro juego en equipo, esperan que además de llevarlos de
ida y vuelta al evento, también les brindes tu apoyo durante los par-
tidos.

Tu hijo agradecerá tu presencia, pero sólo si no haces el ridículo,
así que evita avergonzarlo y no te emociones demasiado. Aquí te
presentamos una lista de cosas que "debes" y "no debes" hacer cuando asistas a los encuentros deportivos de tus retoños.

1. Si vas a estar al aire libre, llévate un paraguas. Claro que si el
   juego de basketball o de volleyball es bajo techo, te verás bastante ridículo si lo llevas.

2. No insultes a la familia del árbitro.

3. Apláudele al equipo entero, no sólo a tu hijo. Tu pequeño quiere
   ser parte del equipo, no sobresalir constantemente de entre sus
   compañeros gracias a su padre gritón.

4. No le grites: "¡Rómpele la pierna, hijo!"

5. No te pares muy cerca de la acción porque pueden caerte encima las pelotas o los jugadores que salen volando. Tu hijo no
   quiere llevar a su padre herido al hospital después del juego.

6. No hagas comentarios en voz alta sobre el coeficiente intelec-
   tual del entrenador, tampoco de su físico ni de su orientación
   sexual si tiene a tu hijo sentado en la banca de sustitutos.

7. Quédate donde están los padres de los compañeros de equipo de
   tu hijo o hija, y no te enfrasques en discusiones con los padres
   del equipo contrario.

8. No abraces a ninguno de los padres presentes.

9. Haz hincapié en los valores del juego. Juega para ganar, pero juega con respeto y si no ganas, sé un buen perdedor.

10. No invadas la cancha para unirte a la celebración del gol.

Tú te encargas de los chistes

Se espera que los papás cuenten algunos chistes malos, así
que aquí te damos algunos para que empieces. ¡Quizá ya hayas
escuchado alguno en boca de tu propio padre!

❖

Jugando (¡y con cuidado!), dale un golpecito a tu hijo en la espalda
y cuando se dé la vuelta y te mire indignado, dile: "Me da gusto
ver que todavía causo buena impresión."

❖

En la fiesta de fin de año, cuando hayan pasado apenas
dos minutos después de la medianoche, di: "No he tomado
una sola copa en todo el año."

❖

Si hay fruta a la vista y alguien te ofrece una fresa, siempre di:
"No, gracias, con mi hija basta."

❖

Cuando alguien tosa, di: "No es la tos la que te llevará,
sino el ataúd donde te llevarán."

❖

Cuando alguien te pida que te pongas en los zapatos de tu hijo, di:
"Pero no me quedan."

❖

Cuando escuches que alguien menciona el nombre de Inés, di:
"¿Inesecita un claxon en la bicicleta?"

Cuando escuches que alguien repite el nombre de Félix, di:
"Jo, jo, jo… Felix Navidad."

❧

Cuando te pidan que pagues algo o que saques el dinero
de la cartera, saca algunos papeles de ella y di:
"Éstos son los vales para mi cerveza favorita."

❧

Cuando te den un regalo de Navidad en forma
de botella de vino, di: "No me digas… ¡es un libro!"

❧

Si alguien te pregunta si tienes problemas para escuchar,
di: "¿Eh?"

❧

Si te atrapan hablando solo, di: "Es la única forma
de mantener una conversación decente en este sitio."

❧

Cuando regañes a tu hijo con severidad y éste te diga
que no le hables así porque es tu hijo, responde: "Y yo soy
tu padre, mucho gusto." Cuando vayan por la carretera
y vean vacas blancas con negro, di: "Caray, debieron quedarse
dormidas cuando pintaron las rayas del pavimento."

❧

A la hora de la cena, cuando te pongan enfrente la carne
para que la cortes y la repartas di: "Bueno, ésta es mi cena…
¿ustedes qué van a comer?"

Cuando viajen en auto y te pregunten:
"¿Dónde estamos papá?", di: "En el auto."

❀

Cuando tu hijo vaya de salida y te diga: "Adiós", respóndele:
"A Dios le pido que vuelvas con bien."

❀

Cuando el teléfono empiece a sonar, di:
"Es el teléfono. Si es para mí, no contesten."

❀

Cuando te ofrezcan una dona, di:
"Dona, mi amor, perdóname…"

❀

Cuando tu hijo te diga: "Quiero una nieve", dile:
"Yo quiero un granizo."

❀

Si tu esposa te dice: "Ponte la cafetera", contéstale:
"No, no me queda."

❀

Si alguien te dice: "¿Podrías sacar al gato?", di:
"¿Ya vamos a regalarlo?"

❀

Cuando te pregunten si agarraste el tren o el autobús, di:
"No, mi red no era tan grande."

Cuando alguien pregunte: "¿Dónde está el papel?", responde:
"En la alacena, junto a la sal"

❖

Si te obligan a contestar el teléfono, di:
"Habla el adorno del jardín… ¡Hola, estatua!"

❖

Cuando empieces a quitarte los zapatos, toma uno y pégatelo
a la oreja como si fuera el teléfono: "Agente 86, a sus órdenes."

❖

Si vas en la calle o estás en un restaurante y la persona que está
junto a ti estornuda, di: "Jesús, María y José."

❖

Cuando vayas a algún lado donde haya cabezas de animales
disecadas en las paredes, di: "¡Caramba, debió de haber venido
muy rápido para atravesar la pared de esa forma!"

❖

En un restaurante chino, cuando el mesero te dé el menú, di:
¿Qué me recomienda? El menú está en chino."

❖

Cuando en un restaurante chino te ofrezcan una toalla caliente, di:
"No, gracias. Estoy lleno."

❖

Cuando el mesero te diga que la sugerencia del día es pescado, di:
"No, gracias. Me salen escamas."

Cuando el mesero te recomiende pato, di: "Mientras yo no tenga
que pagar la cuenta."

❖

Si te sirven un platillo sazonado con muérdago, dile al mesero:
"A ver, usted 'muérdago.'"

❖

Cuando un niño ponga mucha salsa catsup en su plato, di:
"¿Quieres algo para acompañar tu catsup?"

❖

Después de una abundante comida, di: "Bueno, el entremés
estuvo delicioso, ¿qué vamos a cenar?"

❖

Cuando un niño diga: "¿Puedo dejar la mesa?", responde:
"¿Acaso pensabas llevártela?"

❖

Cuando un niño muy educado diga: "¿Me disculpan?", di:
"Uno ofrece disculpas sólo cuando ofende a alguien."

❖

Después de la comida di: "Qué bueno que comimos cuando
lo hicimos, porque ya no tengo nada de hambre."

❖

Cuando alguien te pregunte: "¿Hoy es miércoles?", di:
"Todo el día…"

Cuando alguien te pida: "¿Puedes llamarme un taxi?",
responde: "Con gusto… eres un taxi."

❖

Cuando un niño se meta algo al oído, dile: "Nunca te metas
en el oído algo más afilado que tu codo."

❖

Mamá dice: "¿Podrías hacerme una taza de café?", tú mueves
la mano por encima de su cabeza y dices: "¡Abracadabra!
Ahora eres una taza de café."

❖

Cuando tu hijo te pregunte: "Papá, ¿los hombres van al infierno?",
contéstale: "Hijo, los solteros van cuando mueren, pero los casados
lo pagamos por adelantado."

❖

Cuando tu hijo te diga: "Papá en la escuela me dicen peludo", di:
"Mujer, corre, que el perro está hablando."

Impreso en los talleres de
MUJICA IMPRESOR, S.A. DE C.V.
Calle Camelia No. 4, Col. El Manto,
Deleg. Iztapalapa, México, D.F.
Tel: 5686-3101.